Desire Torchalla

Wie eSport die Soziale Arbeit bereichern kann

Möglichkeiten eines neuen Arbeitsumfelds für junge Sozialarbeiter

Bibliografische Information der Deutschen Nationalbibliothek:

Die Deutsche Nationalbibliothek verzeichnet diese Publikation in der Deutschen Nationalbibliografie; detaillierte bibliografische Daten sind im Internet über http://dnb.d-nb.de abrufbar.

Impressum:

Copyright © Social Plus 2020

Ein Imprint der GRIN Publishing GmbH, München

Druck und Bindung: Books on Demand GmbH, Norderstedt, Germany

Covergestaltung: GRIN Publishing GmbH

Inhaltsverzeichnis

Abbildungsverzeichnis

Tabellenverzeichnis

Abkürzungsverzeichnis

CS:GO	Counter-Strike: Global Offensive
DOSB	Deutscher olympischer Sportbund
ESBD	eSport-Bund Deutschland
ESL	Electronic Sports League
FIFA	Fédération Internationale de Football Association
KeSPA	Korea e-Sports Association
LOL	League of Legends
MMORPG	Multiplayer Massively Online Role Play Game

1 Einleitung

> „Der Mensch spielt nur, wo er in voller Bedeutung des Wortes Mensch ist, und er ist nur da ganz Mensch, wo er spielt."

Dieses Zitat von Friedrich Schiller kann ganz unterschiedlich interpretiert werden. In dieser Arbeit wird es auf das Gaming und den eSport bezogen. Es könnte bedeuten, dass der Mensch in Computer- und Videospielen seiner Kreativität Ausdruck verleiht und sich voll und ganz entfalten kann. Durch das Spielen mit anderen Menschen lernt er Normen und Werte kennen und vermittelt seine eigenen. Egal, wie dieses Zitat interpretiert wird, sagt es aus, dass der Mensch, ob jung oder alt, spielt und Spaß daran hat.

Computer- und Videospiele gehören seit dem 20. Jahrhundert zum Alltag vieler Menschen und sind auch nicht mehr wegzudenken. Ob in der Bahn am Handy, auf dem Schulhof mit dem Nintendo oder zu Hause vor dem Computer oder der Konsole, digitale Spiele sind überall anzutreffen. Aus diesem Grund ist es nicht verwunderlich, dass der eSport vor allem in den letzten Jahren an Aufmerksamkeit gewonnen hat. Preisgelder in Millionen Höhe, ausverkaufte Stadien und Fans, die ihren Idolen zujubeln, das erreicht der eSport genauso wie der „normale", körperliche und athletische Sport. Trotzdem wird in Deutschland immer noch diskutiert, ob eSport anerkannter Sport werden soll. Ein Thema, welches beispielsweise in Südkorea seit 20 Jahren keines mehr ist; und auch viele europäische Staaten erkennen eSport als Sport an.

eSport und Soziale Arbeit verbindet auf den ersten Blick nichts miteinander, doch mit der voranschreitenden Digitalisierung ändert es sich. Die Soziale Arbeit sollte sich dieser neuen Entwicklung anpassen und auf sie eingehen. Dazu zählt unter anderem der eSport, der hauptsächlich viele junge Erwachsene und Jugendliche begeistert. Da dies eine große Zielgruppe der Sozialen Arbeit ist, wäre es ein Anknüpfungspunkt, um diese Menschen von einer anderen Seite zu erreichen. Es gäbe neue Wege und Möglichkeiten auf Jugendliche und junge Erwachsene einzugehen. Außerdem ist es eine Bereicherung und Chance ein neues Arbeitsfeld zu eröffnen, in denen junge Sozialarbeiter einen Platz finden.

Im Rahmen der Bachelorarbeit soll die Frage beantwortet werden, inwiefern eSport eine Bereicherung für die Soziale Arbeit werden könnte. Ist es also möglich, mit digitalen Spielen Heranwachsende zu erreichen und ihnen somit bei ihren Problemen helfen zu können. Das Ziel dieser Arbeit ist, die positiven Möglichkeiten anhand des eSports zu erarbeiten, mit denen sich ein neues Aufgabengebiet entwickeln könnte. Außerdem ist nahezulegen, dass mit der Zeit gegangen werden muss, in diesem Fall mit der Digitalisierung und deren Veränderungen.

Anhand einer qualitativen Literaturrecherche und eines Interviews wird der aktuelle Stand des eSports in Deutschland näher erläutert. Dafür wurde neben der Auswertung wissenschaftlicher Bücher und Artikel auch Videomaterial (Dokumentationen) hinzugezogen. Außerdem hat ein Interview mit zwei Experten diese Arbeit bereichert. Es wurde sich für eine qualitative Literaturrecherche entschieden, da es zu diesem Thema kaum Forschungsmaterial gibt und so unterschiedliche Quellen herangezogen werden konnten.

Diese Arbeit gliedert sich in fünf Kapitel. Begonnen wird mit der Erläuterung der Begriffe Gaming und eSport. Diese sind für das Verständnis der Arbeit von großer Bedeutung. Danach folgt eine Bestandsaufnahme über den aktuellen Stand des e-Sports. Es werden die Entstehung und Strukturen des eSport näher erklärt und drei wichtige jährliche Veranstaltungen vorgestellt. Folgend werden die verschiedenen Spiele des eSports verständlich beschrieben, sowie die unterschiedlichen Spielerkategorien. Anschließend wird das Leben eines Pro-Gamers näher betrachtet, also dessen Voraussetzungen, um es als Profi zu schaffen, seinen Alltag vor, während und nach einem Turnier und die Schattenseiten, mit denen er sich beschäftigen muss. Außerdem werden auf die Themen Gender und aktuelle Diskussionen eingegangen. Zum Abschluss dieses Kapitels werden die unterschiedlichen eSport-Kulturen von Südkorea und Deutschland gegenübergestellt. Das nächste Kapitel behandelt die Lebensphase Jugend, sowie die Vorstellung ihrer Entwicklungsaufgaben. Folgend wird auf die heutigen Medien in jugendlichen Lebenswelten und Jugendkulturen eingegangen, vor allem auf die Gaming-Kultur. Anschließend werden die Soziale Arbeit und offene Jugendarbeit vorgestellt. Gefolgt von einem Diskussionskapitel über die Anknüpfungspunkte des eSport in die Soziale Arbeit. Als Abschluss dieser Arbeit wird ein Resümee gezogen.

Zur besseren Lesbarkeit wird nur die männliche Form genannt, die jedoch die weibliche Form stets miteinschließt.

2 Begriffliche Klärung

Die begrifflichen Klärungen sollen darlegen, welche Unterschiede zwischen dem Gaming und dem eSport bestehen. Aus verschiedenen Gründen werden die beiden Begriffe meist als ein und dasselbe verstanden. Darum wird im Nachfolgenden genau erläutert, warum das nicht so ist.

2.1 Gaming

Der Begriff Gaming kommt aus dem Englischen und bedeutet so viel wie Anwendung von Computerspielen. Er hat sich - wie viele englische Wörter - im deutschen Wortschatz etabliert. Vor allem in der Computer- und Videospielszene wird das Wort Gaming sehr oft benutzt. Dazu gehört das Wort Gamer, welches den Spieler bezeichnet, der leidenschaftlich spielt. (vgl. Dictionary 2018: gaming)

In dieser Arbeit wird der Begriff Gaming mit dem Hobby des Computer- und Videospielens assoziiert. Gaming hat daher nichts mit dem Beruf eSport zu tun, weil es in der Freizeit betrieben und keine Professionalisierung angestrebt wird.

In Deutschland spielen immerhin 46 % der Männer und Frauen in ihrer Freizeit Computer- und Videospiele und gehen somit ihrem Hobby nach. (vgl. Hahn 2017: 13)

2.2 eSport

Der Begriff eSport (oder auch E-Sport, ESport, etc.) setzt sich aus den englischen Wörtern electronic und sport zusammen und bedeutet übersetzt elektronischer Sport, also Sport, welcher unter Anwendung von elektronischen Geräten wie PC, PS4, Xbox, Nintendo-Konsolen usw. betrieben wird. Es ist ein wettbewerbsmäßiges Spielen im Einzel- oder Mehrspielermodus und erfordert Spielkönnen, sowie taktisches Verständnis. (vgl. Werdenich 2010: 40)

eSport unterscheidet sich in der Hinsicht vom Gaming, weil aus einem Hobby ein Beruf geworden ist, d. h. es wird sehr viel Zeit darin investiert sich von anderen abzuheben, besser zu werden und damit auch Geld verdienen zu können. Menschen, die eine eSport-Karriere anstreben, haben es sich zur Aufgabe gemacht, der Beste zu werden, sei es allein oder in einem Team. Hier können Parallelen zu einer Fußballkarriere gezogen werden, nur, dass der eSport nicht auf dem Platz, sondern vor einem PC oder der Konsole stattfindet.

3 Bestandsaufnahme

Im folgenden Kapitel wird das Thema eSport mit seiner Geschichte und seinen Strukturen näher erläutert. Anschließend werden ausgewählte Spiele und Spieler vorgestellt. Des Weiteren wird das Leben eines Pro-Gamers mit all seinen positiven und negativen Facetten beschrieben. Zum Ende des Kapitels wird auf das Thema Gender im Gaming und aktuelle Diskussionen eingegangen.

3.1 Entstehung

Es fing alles mit 24 Menschen in einem kleinen Raum an, welche um ein Jahresabo der Musikzeitschrift Rolling Stone kämpften. An der Stanford University in den USA wurde im Jahr 1972 eben dieses Turnier abgehalten. Gespielt wurde das Spiel Spacewar! in dem es drei verschiedene Kategorien gibt: Eins-gegen-eins, Zwei-gegen-zwei und Alle-gegen-alle. In dem Spiel muss der Spieler den Gegner mit einem Torpedo treffen, während er im Weltall um eine Sonne kreist und dem Gravitationsfeld dieser standhalten muss. Die Menschen hatten damals Spaß daran, sich zu duellieren und dieses Spiel auch immer weiterzuentwickeln, um neue Möglichkeiten zu schaffen. (vgl. Au 2018: 8f.)

Rund acht Jahre später, also im Jahr 1980, fand das erste große Turnier in New York statt. Das Unternehmen Atari suchte sich das Spiel Space Invaders für ihren Wettkampf aus. Das Ziel des Spiels ist es, näher kommende Aliens mit einer Laserkanone abzuschießen. Ca. 10000 Spieler nahmen beim Wettkampf teil und nach zwei Stunden stand der Sieger fest. (vgl. Au 2018: 9)

Im Jahr 1982 wurde in Amerika die erste öffentliche Bestenliste für Videospiele veröffentlicht und hat es den Spieler somit ermöglicht, sich zu messen. Nach einem Jahr gründete sich das erste professionelle Videospielteam mit sechs Mitgliedern, namens U.S. National Video Game Team. Von da an nahmen die Turniere immer mehr zu. (vgl. Au 2018: 9f.)

In den 1990er Jahren waren die Turniere sogenannte LAN-Partys (Local Area Network), da das Internet nicht so weit entwickelt war wie heutzutage. Das bedeutet, dass sich kleine private Gruppen, meistens Freunde, in dem Keller von jemandem verabredet haben, um dann ihre Computer miteinander zu verbinden und somit zusammen und gegeneinander zu spielen. Es gab aber auch öffentliche LAN-Partys, die ein größeres Ausmaß annahmen, wie die Gamers Gathering im Jahr 1999 in Duisburg, wo rund 1600 Spieler teilgenommen haben. Zusätzlich gibt es die DreamHack, welche als Gaming-Festival bekannt und mit 20000 Spielern die größte LAN-Party der Welt ist. Sie findet immer noch mehrmals im Jahr statt und genießt große Beliebtheit. (vgl. Au 2018: 15f.)

Seit Anfang der 2000er Jahre wurde der eSport mit seinen Turnieren auch in Deutschland bekannter. Großen Einfluss hatte die ESL (Electronic Sports League) die seit dem Jahr 1997 weltweit Turniere organisiert. Die ESL ist kein offizieller Verband, aber ein Unternehmen, welches mit seinen Veranstaltungen Geld verdient und starken Einfluss auf die Professionalisierung des eSports hat. Außerdem sorgte die ESL schon frühzeitig dafür, dass das Cheaten (Gamer-Sprache für schummeln) unterbunden und fair gespielt wird. (vgl. Au 2018: 17) Mit ihren 8,4 Millionen Mitgliedern und den 104500 veranstalteten Turnieren (Stand 08.01.19), ist die ESL einer der wichtigsten Veranstalter. (vgl. ESL 2018: eslgaming)

Mittlerweile finden jede Woche kleinere und größere Wettkämpfe auf der ganzen Welt statt und der Zuschauer ist immer dabei, auch wenn er gar nicht körperlich anwesend ist. Dank Streaming-Plattformen wie Twitch, ist es möglich, immer und überall live dabei zu sein und sein Lieblingsteam oder -spieler anzufeuern, sowie dem Spielgeschehen zu folgen. Zudem haben sich auch die Veranstaltungsorte geändert, da große Turniere in Arenen mit 10000 und mehr Zuschauern stattfinden.

3.2 Strukturen

In diesem Kapitel wird der Dachverband des eSport in Deutschland, sowie drei wichtige Veranstaltungen näher betrachtet.

3.2.1 Organisation in Deutschland

Am 26.11.2017 wurde in der ehemaligen DFB-Villa in Frankfurt (Main) der Dachverband für eSport in Deutschland gegründet. Aus 20 eSport-Organisationen bestehend aus Amateur- und Profi-Teams, dem Liga-Veranstalter ESL und der BIU (Bundesverband interaktive Unterhaltungssoftware) schloss sich der ESBD zusammen. Der ESBD ist zuständig für die Repräsentation des organisierten eSports und seiner Spieler. „Als Fachsportverband ist der ESBD sowohl für Politik und Verwaltung als auch für Sport- und Dachverbände der zentrale Ansprechpartner für die sportliche Ausgestaltung von eSport und die Belange der Athleten in dem Bereich. [...]" (esportbund 2018: Über den ESBD). Außerdem setzt sich der ESBD dafür ein, dass es eine rechtliche, gesellschaftliche und politische Gleichstellung zum Sport geben soll. Eine rechtliche Gleichstellung wäre vorteilhaft, da es für Vereine zu einer Steuererleichterung käme und sie dadurch mehr Zeit und Ressourcen in die Gleichstellungsarbeit und Jugendförderung investieren könnten. Darüber hinaus hat der eSport, genau wie der Sport allgemein, die Aufgabe gesellschaftlicher Pflichten, z. B. die Aufklärung über Risiken in dem Beruf, nachzugehen. (vgl. J., H. 2018)

3.2.2 Drei wichtige Veranstaltungen

Im Laufe der Jahre und Jahrzehnte, in denen eSport nun schon existiert, hat auch die Zahl der Turniere und Veranstaltungen immer mehr zugenommen. Es wird im Folgenden auf drei wichtige Veranstaltungen eingegangen.

3.2.2.1 BlizzCon

Die BlizzCon findet jedes Jahr in den USA statt und wird vom Spielehersteller Blizzard veranstaltet. Es ist eine eigene Messe, auf der es hauptsächlich um Spiele geht. Der wichtigste Bestandteil dieser Veranstaltung sind die Weltmeisterschaften in verschiedenen Spielen wie: Overwatch, Hearthstone, World of Warcraft, Heroes of the Storm und Starcraft II. Für die Fans ist die Weltmeisterschaft in Starcraft II eines der wichtigsten Turniere auf der BlizzCon. (vgl. Au 2018: 59) Die Messe gilt als „Eine Feier von epischen Spielen und epischen Fans" (Blizzard 2018: BlizzCon) und bietet den Zuschauern vieles.

3.2.2.2 League of Legends World Championship

League of Legends World Championship ist das weltweit größte eSport-Turnier und wird von dem Spielehersteller Riot Games veranstaltet. Es findet einmal jährlich statt und kann mit dem amerikanischen Super Bowl verglichen werden. Der Austragungsort wechselt dabei immer, somit war die League of Legends World Championship auch schon in Berlin. (vgl. Au 2018: 61)

3.2.2.3 ESL One

Die ESL One wird von der ESL veranstaltet. Sie findet jedes Jahr unter anderem in Köln statt und ist eines der wichtigsten Counter-Strike-Turniere auf der Welt. Bei der ESL One wird sich jeweils auf ein Spiel konzentriert, z. B. Counter-Strike oder DotA 2. Außerdem veranstaltet die ESL noch die Intel Extreme Masters, die sich aber auf mehrere Wettkämpfe in mehreren Disziplinen ausgerichtet hat. (vgl. Au 2018: 60)

3.3 Spiele und Spieler

Im kommenden Abschnitt werden die wichtigsten Genres und eSport-Spiele näher erläutert. Zudem gibt es eine kurze Darstellung über die Entwicklung eines Spielers.

3.3.1 Spiele

Genau wie bei anderen Sportarten gibt es auch beim eSport verschiedene Genres, in die Spiele kategorisiert werden: Ego-Shooter und Taktik-Shooter, Echtzeit-Strategiespiele, MOBA-Spiele und Sportspiele.

3.3.1.1 Ego-Shooter und Taktik-Shooter

Unter Shooter verstehen die meisten Menschen stupide „Ballerspiele", was aber wirklich dahinter steckt, ist ihnen nicht bewusst. Das Wort Ego wird nur im Deutschen genutzt und beschreibt die Perspektive, in der gespielt wird. Der Spieler sieht nur die beiden Hände seines Charakters (Spielfigur) und nicht ihn als Ganzes. In der Regel wird diese Perspektive first-person-perspective genannt, ihr Pendant ist die third-person-perspective und zeigt den ganzen Charakter. Bei den Ego-Shootern kommt es wie erwähnt nicht nur auf das Schießen an, sondern es zählt auch die Reaktionsgeschwindigkeit und Präzision, um ein sich bewegendes Ziel zu treffen. Zusätzlich zählt in den Spielen oft die Teamfähigkeit und deren Taktik, damit der Sieg erlangt werden kann. Der einzige Nachteil dieses Genres ist, dass die Inhalte ab 16 oder 18 Jahren freigegeben sind. (vgl. Au 2018: 25f.)

3.3.1.2 Echtzeit-Strategiespiele

Das Spiel Schach ist vielen als rundenbasiertes Strategiespiel bekannt. Bei den Echtzeit-Strategiespielen wird gegen einen anderen Spieler in Echtzeit und nicht auf Runden basierend gespielt. Es kommt darauf an, die bessere Taktik zu haben und diese auch gegebenenfalls weniger Sekunden zu ändern, um auf die gegnerische Taktik zu reagieren. Von den Spielern werden hohe Konzentration und Reaktion sowie gute Strategiekenntnisse verlangt. (vgl. Au 2018: 25)

3.3.1.3 MOBA-Spiele

In Multiplayer Online Battle Arena (MOBA) Spielen treten zwei Teams, die aus jeweils fünf Spielern bestehen, gegeneinander an. Sie müssen mit verschiedenen Charakteren, die unterschiedliche Fähigkeiten haben, die gegnerische Basis zerstören.

Das erste und bekannteste MOBA-Spiel war DotA, welches eine Erweiterung von Warcraft III darstellt. In diesem Genre kommt es auf die Teamfähigkeit und die Strategie an, um zu gewinnen. (vgl. Au 2018: 26)

3.3.1.4 Sportspiele

Bei den Sportspielen handelt es sich z. B. um FIFA oder Madden (American Football). Die Spieler treten einzeln gegeneinander an und versuchen so viele Tore oder Touchdowns wie möglich zu erlangen. Es kann sich eine eigene Mannschaft zusammengestellt werden, aus den, nach der eigenen Meinung, besten Spielern der Welt. Für die Spiele sind Reaktion und Taktik sehr wichtig. (vgl. Au 2018: 28)

Da nun die Genres erläutert wurden, geht es im Folgenden darum, die dazugehörigen Spiele näher zu betrachten.

3.3.1.5 Counter-Strike: Global Offensive (CS:GO)

In dem Spiel treten zwei Gruppen gegeneinander an. Auf der einen Seite gibt es die Terroristen, die eine Bombe platzieren müssen und auf der anderen Seite gibt es die Anti-Terroristen, die die Bombe rechtzeitig entschärfen müssen. Die Kämpfe tragen sie auf begrenzten Spielfeldern aus, sogenannten Karten. Es wird mit Pistolen, Maschinengewehren und Handgranaten gearbeitet. In einem Turnier spielen die Teams jeweils 15 Runden lang die Terroristen und Anti-Terroristen und haben gewonnen, wenn sie die 16. Runde, auf zwei bis drei Karten, für sich entschieden haben. (vgl. Schöber 2018: 144ff.)

3.3.1.6 Starcraft II

Bei diesem Echtzeit-Strategiespiel wählt der Spieler vor jeder Runde eine von drei Rassen aus: Zerg, Protoss oder Terraner. Es kann in einem direkten Duell oder in Teams von zwei, drei oder vier Personen gespielt werden. Für die großen Wettkämpfe sind aber die Duelle am interessantesten. Das Ziel ist es, die gegnerische Basis zu zerstören. Der Spieler steuert nicht nur einen Charakter wie in MOBA-Spielen, sondern eine ganze Armee, die er sich im Laufe des Spiels aufgebaut hat. Es ist daher vorteilhaft, stets den Überblick über das Spielgeschehen zu haben. (vgl. Au 2018: 39f.)

3.3.1.7 DotA 2 und League of Legends

DotA 2 und League of Legends (LOL) sind beides MOBA-Spiele und basieren auf dem Spiel DotA. Bei beiden geht es darum, dass zwei Teams gegeneinander mit je fünf Spielern die gegnerische Basis zerstören müssen. Der Kampf findet in einer rechteckigen Arena statt und vor jeder Partie kann sich der Spieler einen Helden oder bei LOL genannt Champion, aussuchen. Jeder Held/Champion hat verschiedene Fähigkeiten, die gegen den Gegner effizient oder nicht so effizient wirken können. Die Basen der Teams befinden sich jeweils oben rechts und unten links auf der Karte. Es gibt drei Wege (genannt Lanes) die zur gegnerischen Basis führen. Außerdem ist die Karte von einem Fluss in der Mitte geteilt, der von einem Dschungel umgeben ist. In diesem befinden sich NPC's (non-player-character) gegen die gekämpft werden kann, um einen Buff (zusätzliche passive Verbesserung) zu bekommen. Auf den Lanes befinden sich zusätzlich Wachtürme, die auch zerstört werden müssen. Unterstützt wird der Spieler von den Creeps (vom englischen Verb schleichen/kriechen abgeleitet), welche im Laufe des Gefechts fallen aber wiederauftauchen. Wenn der Spieler gegnerische Creeps, Türme oder Helden/Champions besiegt, bekommt er Gold und Erfahrungspunkte. Der Spieler beginnt nämlich bei Level 1 und steigt mit den Erfahrungspunkten auf, wodurch er zusätzliche Fähigkeiten und Ausrüstung freischaltet. DotA 2 und LOL sehen auf den ersten Blick gleich aus und haben dasselbe Spielprinzip, aber der Unterschied liegt ganz klar im Detail, wodurch beide einzigartig sind. (vgl. Au 2018: 30-34)

3.3.1.8   FIFA

Fédération Internationale de Football Association oder abgekürzt FIFA ist der Weltfußballverband und gibt dem Fußballvideospiel FIFA seinen Namen. In diesem Sportspiel kann sich der Spieler seine eigene Fußballmannschaft zusammenstellen und diese auch steuern. Bevor ein Spiel beginnt, kann der Spieler die Aufstellung oder Taktik der Mannschaft anpassen. Die Fußballer im Spiel haben verschiedene Stärken und Schwächen und bekommen eine Wertung.

Diese kann sich verändern, wenn der Fußballspieler im richtigen Leben besser oder schlechter spielt. Eine Halbzeit dauert ungefähr fünf bis sechs Minuten und der Spieler steuert immer nur den Feldspieler, der gerade den Ball hat. (vgl. Au 2018: 34ff.)

3.3.2 Spieler

Im nachfolgenden Beispiel handelt es sich um eine eigens anschaulich entwickelte Darstellung von dem Werdegang eines Laien zum Pro-Gamer.

Das Interesse für Computer- und Videospiele wird meist in der Kindheit entwickelt. Du Kleinere Spiele am Computer, Handy und Tablet oder das Zuschauen bei Freunden oder Geschwistern, lassen bei Kindern Eindruck und Spaß entstehen. Auch die erste eigene kleine Konsole kann dazu beitragen, dass sich das Kind gerne mit Spielen auseinandersetzt. In diesem Fall ist das Kind in der Welt der Computer- und Videospiele ein Laie, denn es besitzt noch keine fachlichen Kenntnisse auf diesem Gebiet.

Je nachdem, mit welchem Gerät das Kind aufgewachsen ist, wird es spätestens am Anfang der Pubertät eine eigene Konsole oder einen eigenen Computer haben wollen. Meist dauert das Überreden der Eltern Wochen oder Monate und wird als Geschenk zu Weihnachten oder zum Geburtstag gehandhabt. Der Jugendliche ist nun in der Lage auch über das Internet mit seinen Freunden zusammen zu spielen. Er entwickelt ein größeres Interesse und wird zu einem Freizeit-Spieler, d. h. er spielt gerne Spiele, sitzt aber nicht nur zu Hause vor dem Bildschirm, sondern geht auch an die frische Luft, um mit Freunden Fußball o. Ä. zu spielen.

Der Jugendliche beschäftigt sich im Laufe der Jahre immer mehr mit den verschiedensten Spielen und probiert sich aus. Als junger Erwachsener hat er dann wahrscheinlich sein liebstes Genre gefunden und verbringt mehr Zeit mit dem Spielen. Er ist zu einem Hobby-Spieler geworden, da er sich intensiver mit Spielen, Ranglisten, Strategien uvm. auseinandergesetzt hat. In Foren kann er sich mit anderen austauschen, um besser zu werden oder anderen eine Hilfe zu sein.

Wenn der junge Erwachsene fast ausschließlich Spiele mit Ranglisten spielt und sehr darauf achtet aufzusteigen, geht er in die Richtung eines kompetitiven Spielers (auf Wettkampf ausgerichteter Spieler). Seine Zeit beim Spielen verbringt er damit, an Strategien zu arbeiten, neue zu entwickeln und möglichst auf dem ersten Platz zu sein, sei es allein oder in einem Team.

Nachdem der junge Erwachsene viel Zeit und Spaß in ein oder mehrere Spiele investiert hat, gibt es die Möglichkeit ein Pro-Gamer (Professioneller Spieler) zu werden. Dafür nimmt er, mit der Erlaubnis der Eltern, an kleineren Turnieren teil und versucht natürlich zu gewinnen. Außerdem kann es sein, dass Vereine oder Teams auf den jungen Erwachsenen aufmerksam werden und ihm anbieten in dem Verein/Team zu spielen und das Computer- oder Videospielen professionell zu betreiben. Als Pro-Gamer verbringt er dann sehr viele Stunden damit zu trainieren, Strategien zu besprechen und auf kleinen und großen Turnieren zu spielen. Weiteres dazu folgt im kommenden Abschnitt.

3.4 Leben als Pro-Gamer

Im vorherigen Abschnitt wurde ein möglicher Werdegang eines Pro-Gamers beschrieben. Daran angeknüpft wird nun erläutert, welche genauen Voraussetzungen notwendig sind und wie der Alltag eines Profis aussieht. Zusätzlich sollen die vorhandenen Schattenseiten erläutert werden.

3.4.1 Voraussetzungen

Generell hat jeder die Möglichkeit, ein eSportler zu werden, trotzdem gibt es auch hier bestimmte Voraussetzungen, die es dem Einen ermöglichen eine eSport-Karriere zu starten und dem Anderen vielleicht im Weg stehen. Entscheidend ist vor allem, dem hohen Leistungsdruck standzuhalten und sich immer wieder unter Beweis zu stellen. Außerdem sind die kognitiven Fähigkeiten von wertvoller Bedeutung. Die Hand-Auge-Koordination und Reaktionsfähigkeit sind wichtige Faktoren, um als eSportler erfolgreich zu sein. Die Konzentrationsfähigkeit wird zusätzlich gefördert, da die Spieler auf mehrere unterschiedliche und auch voneinander unabhängige Informationsquellen achten müssen, um somit handeln zu können. Hinzu kommt, dass die logisch-rationalen Denkprozesse unterstützt und für Probleme schneller Lösungsstrategien entwickelt werden müssen. (vgl. Romanowsky 2013: 9) eSportler machen teilweise bis zu 400 Aktionen in der Minute und dabei geht es nicht nur darum eine Taste zu drücken, sondern die richtige Taste im richtigen Moment, in der richtigen Reihenfolge zu treffen und dies nicht nur mit Maus und Tastatur, auch mit dem Controller oder anderen Eingabegeräten. (vgl. J., H. 2018) Durch die verschiedenen Charakter und deren Fähigkeiten, kann es dazu kommen, dass Strategien nicht aufgehen und mitten im Spiel eine andere angewendet werden muss. Das bedeutet für den oder die Spieler blitzschnelle Reaktion und gleichbleibende Aktion, also Angriff auf den Gegner.

Die körperliche Fitness spielt auch beim eSport eine entscheidende Rolle, denn wer seinen Körper nicht bewegt und wirklich nur vor dem Bildschirm sitzt, wird zwangsläufig Einbußen an seiner Spielbeherrschung hinnehmen müssen. Sowohl die Konzentration, Präzision und Anspannung muss der Körper standhalten, d. h. durch die teils sehr langen Turnierrunden braucht der eSportler einen gesunden und fitten Körper. (vgl. J., H. 2018) Aus diesem Grund ist eine gesunde Ernährung und körperliche Betätigung Voraussetzung, um ein guter Pro-Gamer zu werden. Der Spieler sollte sich bewusst machen, dass wichtige Punkte wie Konzentration darunter leiden werden, wenn er sie nicht trainiert. In einem Match (Runde) können Millisekunden über Sieg und Niederlage entscheiden. Ist der Spieler unkonzentriert, verliert er seine Präzision und dadurch womöglich sein Ziel. Ist er zusätzlich körperlich viel zu angespannt und daher verkrampft, können genau diese Krämpfe die Konzentration auch stören und zur Niederlage führen. Sportliche Betätigungen als Ausgleich helfen dabei, nicht nur den Kopf frei zu bekommen, sondern die Muskeln zu stimulieren und trainieren, um langen sitzenden Belastungen standhalten zu können und die Konzentration zu fördern. Eine gesunde Ernährung unterstützt den Prozess und hilft Energie für die, oft langen, Trainingstage zu haben.

Ein Pro-Gamer hat in seiner Karriere viel mit Druck und Stress zu tun und sollte daher eine gewisse psychische Belastbarkeit mitbringen. Pro-Gamer trainieren, haben Leidenschaft und wollen gewinnen, um dem anderen Team zu zeigen, wer die Besseren sind. Vor jedem Match gibt es eine Besprechung, welche Strategien verfolgt werden und verfolgt werden könnten, sollte es Probleme geben. Sie sitzen auf einer Bühne vor tausenden Zuschauern in der Arena und teilweise einigen Millionen vor dem Bildschirm zu Hause. Es geht um sehr viel und an jeden einzelnen Spieler werden hohe Erwartungen gestellt. Für die Wirtschaft bedeuten mehr Siege auch mehr Fans und Follower in den sozialen Netzwerken und auch die Sponsoren legen Wert auf Siege und achten darauf wie der Spieler spielt. Von Sieg und Niederlage ist nicht nur das Gehalt von den Spielern abhängig, sondern auch, ob sie im Team bleiben dürfen oder rausgenommen werden. Die oft jungen eSportler müssen mit dem Druck leben, dass ein Fehler ihre Karriere zerstören kann und sie ihren Traum aufgeben müssen. Professionelle Teams wie Schalke 04 haben dafür extra Sportpsychologen, um die Spieler zu unterstützen und ihnen zu erklären, wie mit diesem Druck umgegangen werden kann. Eine andere psychische Belastung stellt die Matchdauer dar, denn LOL-Runden gehen in Turnieren vier bis fünf Stunden. Das längste CS:GO-Turnier ging acht Stunden, weil die beiden Teams immer einen Punkt vom Sieg entfernt waren. Es werden in den Stunden keine Pausen gemacht und das bedeutet höchste Konzentration und Belastung. (vgl. J., H. 2018) Dieser Stress kann mit dem Elfmeterschießen bei einer WM gleichgesetzt werden. Durch die Sportpsychologen und Teambesprechungen lernen sie zwar wie damit umgegangen werden kann, aber am Ende bleibt es an ihnen, wie sie wirklich damit zurechtkommen.

Die Arbeit und Kommunikation im Team sind eine wichtige Voraussetzung, um es an die Spitze zu schaffen. Pro-Gamer sind meist mit ihren Teammitgliedern 24/7 zusammen und müssen daher gut miteinander agieren. In einem Team kommt es darauf an, Eigenschaften wie Teamfähigkeit, Pünktlichkeit, Selbstständigkeit etc.

mitzubringen und dass sie sich auf die anderen Teammitglieder verlassen können. Jeder hat seine Position, in der er gut spielen kann und muss sie einwandfrei beherrschen können. Daher ist es wichtig, eigenständig daran zu arbeiten besser zu werden, um dann als Team weniger Fehler zu machen. Von Vorteil ist es immer, wenn die Teammitglieder untereinander befreundet sind, da sich Freunde leichter ehrliche Meinungen geben und sich gegenseitig kritisieren können, ohne gleich wütend zu werden. (vgl. Au 2018: 47f.) Als Einzelgänger wird es im eSport nicht leicht, da in einer Gemeinschaft gelebt und gearbeitet wird.

3.4.2 Alltag

Im Kapitel Alltag wird dargestellt, wie die Pro-Gamer leben, trainieren und sich auf Turniere oder Weltmeisterschaften vorbereiten.

3.4.2.1 Gaming-Häuser

Die Idee von Gaming-Häusern kam aus Südkorea, da damalige Pro-Gamer Miete sparen wollten und zusammen in eine Wohnung gezogen sind. eSport-Organisationen fanden diese Art des Zusammenlebens und -arbeitens gut und gründeten Gaming-Häuser. Teilweise sind es wirklich Häuser, in denen die Spieler zusammen wohnen, aber oftmals ist es eine Wohnung oder Appartement. Da dies auch eine Frage des Geldes ist, wohnen hauptsächlich die besten Teams zusammen. In den LOL-Teams ist es üblich, eine Wohnung in Berlin zu haben, da die Spieltage der LCS (League of Legends Champions Series), europäische und nordamerikanische e-Sports-Liga, außer die Play-offs (Ausscheidungskampf) jede Woche in Berlin stattfinden. (vgl. Au 2018: 46ff.) Zusammen mit dem Team leben in der Wohnung auch oft der Teammanager, Cheftrainier und Strategietrainer. Zusätzlich kann ein Koch mit in der Wohnung leben. Außerdem haben viele Profi-Teams einen Sportpsychologen, Analysten und eine Reinigungskraft. Der Manager ist für die Organisation verantwortlich und behält einen Überblick über die kommenden Termine. Die Aufgaben des Trainers sind die allgemeine Strategie im Spiel zu erarbeiten und das Zusammenspiel als Team zu verbessern. Für spezielle Spielsituationen ist der Strategietrainer zuständig. Außerdem hilft dieser, die Vor- und Nachteile bestimmter Charaktere besser zu verstehen. Ein Koch kam erst in den letzten Jahren dazu, da die Organisationen gemerkt haben wie wichtig gesunde Ernährung für die Spieler ist. Daher entwickelt dieser zusammen mit dem Sportpsychologen einen Ernährungsplan, der aber nicht zu streng ist. Lebt der Koch mit im Gaming-Haus, können die Spieler rund um die Uhr Bescheid geben, wenn sie Hunger haben oder sich etwas Bestimmtes zum Mittagessen wünschen. Es hilft den eSportlern, mehr Zeit für das Spiel und Training zu haben, anstatt erst einkaufen zu müssen, um dann noch zu kochen. Natürlich ist dies bei den nicht so erfolgreichen Teams der Fall. Der Sportpsychologe löst Probleme, die innerhalb des Teams auftreten, und versucht mit Tipps und Strategien die Spieler zu unterstützen. Er spielt eine entscheidende Rolle, wenn das Team verliert und die Mitglieder nicht wissen wie sie mit ihrer Wut und Trauer umgehen sollen. Ein Analyst ist so gut wie immer erreichbar und informiert das Team über die nächsten Gegner und welche Vorlieben sie haben, z. B. bestimmte Charakter oder Verhaltensmuster. Zudem achtet er auf jedes Detail, welches das Team zum Sieg führen kann. Der Nachteil der Gaming-Häuser ist aber, dass die Spieler teils 24/7 aufeinandersitzen und es zu Reiberein und Streit kommen kann. Daher ist es gut, wenn jemand mit ihnen zusammen lebt, der solcherlei Konflikte lösen hilft, denn in einem Teamspiel muss die Stimmung passen. Außerdem könnte es passieren, dass die Profis Leben und Arbeiten nicht mehr trennen können und dauerhaft unter Stress und Anspannung stehen. Aus diesem Grund gibt es auch die Möglichkeit, von Gaming-Häusern, in denen die Spieler zwar zusammenwohnen aber in einem extra angemieteten Raum trainieren können. (vgl. Au 2018: 83f.)

3.4.2.2 Wochenrhythmus

Die Woche eines Pro-Gamers ist sehr durchstrukturiert und geplant. Wie viele Stunden sie am Tag mit dem Spielen verbringen, hängt davon ab, ob sie sich innerhalb oder außerhalb einer Saison befinden. Bezogen auf LOL müssen die Spieler außerhalb der Saison keine zehn Stunden trainieren. Jeder entscheidet, wie viel er am Tag trainiert. Innerhalb der Saison ist das Spielen ihre Arbeit, womit sie ihr Geld verdienen. Es wird jeden Tag sechs oder mehr Stunden als Team zusammengespielt. Die Teammitglieder sollten aber zusätzlich noch allein trainieren. (vgl. Au 2018: 85) Da einige einen Nebenerwerb über das Streaming (Liveübertragung im Internet) haben, besteht die Möglichkeit für sich selbst zu trainieren und mit seinen Fans in Kontakt zu kommen. Im Teamtraining verabreden die Trainer Freundschaftsspiele mit anderen Teams, die online stattfinden. Dabei werden bei CS:GO bestimmte Situationen geübt, z. B. das millimetergenaue Werfen einer Granate auf ein bestimmtes Ziel und bei LOL werden verschiedene Strategien durchgegangen und wiederholt. Zusätzlich haben die eSportler in der Woche noch einige Teambesprechungen, wo über Strategien, Vorbereitungen und auch Probleme gesprochen werden. Dazu gehören Psychologiekurse oder Beratungen mit dem Sportpsychologen. In der Hauptsaison gibt es jeden Tag Theorietraining, vor allem vor Turnieren, um das vorhandene Wissen über ihre Spiele zu festigen. Es werden z. B. bei LOL alle ausgesuchten gespielten Charakter mit ihren Vor- und Nachteilen durchgegangen oder bei CS:GO die Nachladezeiten und die Anzahl der Schüsse in den Magazinen der Waffen abgefragt. (vgl. J., H. 2018) Zu ihrem Alltagsleben gehören aber nicht nur Training, Turniere und Theoriearbeit, sondern auch Freizeit. Viele Teams haben eine feste Trainingszeit wie 12-20 Uhr, davor und danach können sie entscheiden was sie gerne machen würden. Trotzdem sollten sie auf einen gesunden und ausreichenden Schlafrhythmus achten. Da sich die Trainingszeiten mit vielen anderen Sportvereinen überschneiden, geht eine große Menge der eSportler ins Fitnessstudio, um sich körperlich fit zu halten und einen Ausgleich zu dem langen Sitzen zu haben. Aber auch das Treffen mit Freunden, in der Stadt einkaufen oder auf eine Party gehen, gehört zu ihren freizeitlichen Aktivitäten. Es hilft ihnen abzuschalten und nicht immer nur an die Arbeit zu denken. (vgl. Au 2018: 86)

3.4.2.3   Vorbereitung auf Turniere

Vor Turnieren spielen die eSportler intensiver allein und im Team, um ihre Strategien und Charakter perfekt zu beherrschen. Oft fahren sie in ein Trainingslager, damit es weniger Ablenkungen gibt und sie sich voll und ganz auf das Spielen konzentrieren können. In einem Hotel werden nicht nur die Zimmer zum Schlafen reserviert, sondern meist noch ein großer Büroraum, indem alle Computer und das Equipment aufgebaut sind. Von morgens bis abends trainieren sie, genauso wie Fußballprofis in Trainingslagern. Es werden gerne Häuser als Trainingslager gemietet, weil es noch ruhiger ist und weniger Ablenkungen vorhanden sind. Da die Turniere auf der ganzen Welt stattfinden, müssen sich die Pro-Gamer erst an die Zeitumstellung gewöhnen.

Außerdem gibt es in jedem Land eine eigene Kultur, mit der sich die Profis erst vertraut machen sollten. Gerne werden die Trainingslager in Südkorea abgehalten, da sich erhofft wird, noch etwas von den sehr guten südkoreanischen Teams zu lernen. (vgl. Au 2018: 87f.)

3.4.3 Schattenseiten

Wie in allen Sportarten gibt es auch im eSport die Schattenseiten. Auf den körperlichen und damit gesundheitlichen Zustand der Spieler wird geachtet, trotzdem können Verletzungen und Verschleißerscheinungen auftreten. Durch die monotone Belastung der Finger und Handgelenke, haben die Spieler oft mit Sehnenscheidenentzündungen zu kämpfen, die sehr schmerzhaft sind und den eSportler vom Training abhält. Zusätzlich sind Verformungen und Überlastungen der Gelenke ein

Problem und zwingen den Spieler zu einer Zwangspause. Außerdem können Rückenschmerzen zu einer Qual werden und den Profi langfristig begleiten, wenn kein Ausgleichstraining erfolgt. Damit es gar nicht erst so weit kommt, arbeiten viele Teams mit einem Physiotherapeuten zusammen, um genau diesen Verletzungen vorzubeugen. Sie lernen die richtige Sitzhaltung und wie sie mit der Anspannung bei Turnieren gerade sitzen. Zudem erfahren sie, wie sie sich wieder locker machen können und die Belastung minimieren. Das permanente Gucken auf den Bildschirm ist für die Augen eine enorme Anstrengung und kann dazu führen, dass es zu Verschlechterungen und Schmerzen kommen kann. Sind die Verletzungen und deren Folgen zu groß, muss der eSportler seine Karriere aufgeben, um Langzeitschäden zu vermeiden. Ein weiteres Problem beim eSport, wie auch im Sport, ist das Schummeln. Es kann zu illegalen Absprachen und Wettbetrug kommen. (vgl. J., H. 2018) Das Schummeln soll verhindert werden, indem bei Turnieren alles an Equipment, Maus, Tastatur, Headset, Computer und Bildschirm vom Veranstalter zur Verfügung gestellt wird. Das Einzige was die Profis mitbringen, ist ihr Mousepad. Vor Beginn des Turniers werden die Geräte trotzdem noch einmal einer Manipulationskontrolle unterzogen. Bevor die Spieler die Bühne betreten, gibt es eine Kontrolle, damit nichts Verbotenes, wie das Smartphone, mitgenommen wird. Falls es während des Spiels zur Schummelei kommen sollte, sind Schiedsrichter vor Ort, um einzugreifen und sowieso das ganze Spiel über zu kontrollieren. Sollte ein Spieler erwischt werden, droht ihm eine harte Strafe und in den meisten Fällen das Karriereaus. Eine weitere Schattenseite ist der Druck, mit dem die eSportler umgehen müssen. eSport ist für die Pro-Gamer kein sicherer Job und verursacht viel Stress. Wenn ein Spiel nicht gut verlaufen ist, kann es jederzeit passieren, dass der Profi aus dem Team geworfen oder ausgewechselt wird. Die Verträge mit den eSport-Organisationen- oder Vereinen sind meist auf eine Saison befristet, in der sich der Spieler beweisen muss. Es werden nach der Saison entweder neue Verträge seitens des Profis ausgehandelt, oder er muss sich ein neues Team suchen. Eine weitere Rolle spielt auch die Beliebtheit des Spiels. Wenn es immer weniger Zuschauer für ein Spiel gibt, sinken die Preisgelder und somit auch die Anzahl der Turniere. Zusätzlich kann die Meta (aktueller Trend von Charakteren oder Strategien) eines Spiels eine Herausforderung darstellen, weil diese sich verändert und der Spieler sich nicht daran anpassen kann. Eine Teamauflösung und das Problem, kein neues Team zu finden, sind Themen, mit dem sich einige eSportler auseinandersetzen müssen. (vgl. Au 2018: 63ff.) Die großen Profi-Teams haben natürlich auch Fans, die die eSportler anfeuern und ihnen sogar hinterherreisen, um bei den Turnieren dabei zu sein. Sie halten Plakate mit Leuchtschrift in den Hallen hoch und jubeln und fluchen, wie Fans von anderen Sportarten. Daher leben die Profis auch mit der Angst, ihre Fans womöglich enttäuschen zu können oder deren Erwartungen mit den Leistungen in den Spielen nicht gerecht zu werden. Ein indirekter Druck der Fans setzt den Pro-Gamern ebenfalls zu. Wie im Abschnitt 3.4.1 erwähnt, ist es im Interesse der Wirtschaft und auch des Spielers, dass seine Follower-Anzahl wächst. Mit Niederlagen ist dies nun mal nicht der Fall, weswegen seitens der Wirtschaft Druck ausgeübt wird. (vgl. Werdenich 2010: 84f.) Ein Thema, welches im Sport und eSport eine Minderheit betrifft, ist das Doping. Diesem Problem wird im eSport vorgebeugt, in dem zusammen mit der WADA (World Anti-Doping Agency) die Pro-Gamer über das Doping und deren Folgen aufgeklärt werden. Es sind vor allem die Schmerzmittel und aufmerksamkeitssteigernden Medikamente (Adderall, Ritalin) über die eine Aufklärung erfolgt. (vgl. J., H. 2018) Durch den Schmerzmittelmiss-brauch können die Spieler mit ihren Verletzungen zwar an Turnieren teilnehmen, haben dafür aber umso größere Probleme, wenn die Wirkung nachlässt und kön-nen so eine Abhängigkeit entwickeln. Bei Ritalin ist der Fall, dass der Spieler sich auf das Medikament verlässt, welches die Aufmerksamkeit steigert, länger wach macht, den Appetit mindert usw. und dabei die Folgen und evtl. die Abhängigkeit danach vergisst. (vgl. Onmeda 2018: Ritalin) Außerdem kann es zu einer Gefahr werden, wenn Ritalin zusammen mit Energy Drinks genommen wird. Beide sind als „Wachmacher" und „Konzentrationsförderer" bekannt, doch zusammen können sie sehr schädlich sein. Durch das Koffein in den Energy Drinks steigt der Blutdruck an und das Herz-Kreislaufsystem fängt an zu arbeiten, es ist aber sowieso schon im vollen Betrieb, wenn Ritalin genommen wurde. Bei wiederholter Einnahme kann es zu Herzrasen und Herzrhythmus-Störungen kommen. Zudem hat Ritalin eine Menge Nebenwirkungen, die durch das Koffein verschlimmert werden. (vgl. Schulz 2018: Koffein) Das Thema auszuweiten würde nicht in den Rahmen der Arbeit pas-sen. Die letzte Schattenseite stellt die Abhängigkeit dar, welche aber kein großes Thema ist. Die Computer- und Videospielsucht findet sich im eSport nicht so wie-der, wie im Hobbyspielen. Es gibt sicherlich einen geringen Anteil der Spieler, die vom Spielen abhängig sind und diese Abhängigkeit verstärkt wird, wenn sie Pro-Gamer werden, doch ist dies nicht der Regelfall. Die Spieler müssen wie in Punkt 3.4.1 beschrieben eine Menge Voraussetzungen haben, die Süchtige so gut wie nie erfüllen können. (vgl. J., H. 2018)

3.5 Gender

Der Frauenanteil im Gaming hat in den letzten Jahren rasant zugenommen und mit 47 % sind fast die Hälfte aller deutschen Gamer Frauen. (vgl. Hahn 2017: 13) Obwohl es keine Beschränkungen gibt und Jungs/Männer und Mädchen/Frauen dieselben Anfangsbedingungen haben und keiner körperliche Vorteile hat, sind die Verhältnisse im eSport anders. Es könnte daran liegen, dass die anfänglichen Spiele das weibliche Publikum nicht angesprochen hat und es dadurch kein Interesse hatte sich damit auseinander zu setzen. In den vergangenen Jahren hat die Gaming-Industrie einen großen Sprung gemacht, wenn es um die Grafik, Storyline (Geschichte), Wahlmöglichkeiten usw. geht und konnte somit auch viele Mädchen/Frauen für das Gaming interessieren. Im Bereich eSport sieht es aber schlechter aus und wird wahrscheinlich erst einmal nicht besser. Eine Ursache könnte sein, dass der Wettbewerbscharakter und Umgangston abschreckend wirken, da sich die Teammitglieder gegenseitig beleidigen und gerne fluchen. Viele Mädchen/Frauen können damit nicht umgehen und nehmen es zu persönlich, obwohl es oft gar nicht so gemeint ist. In den Spielen LOL, Starcraft II und CS:GO beispielsweise sind die Mädchen/Frauen im Einzelspielermodus oder im Team entweder auf der höchsten Ebene dabei oder sind wenigstens wettbewerbsfähig und können sich somit finanzieren. (vgl. J., H. 2018) In vielen Spielen kommt es aber vor, dass extra Female-Teams und Female-Turniere veranstaltet werden und ein Wettbewerb mit Männern und Frauen, durch das Leistungsgefälle, äußerst selten ist. Der eSport wird trotzdem bei den Mädchen/Frauen immer beliebter, denn sie waren in den USA zwischen 2016 und 2017 für ca. 50 % des Zuschauerwachstums verantwortlich. Das Interesse neuer Sponsoren und Investoren für das weibliche Geschlecht wird somit geweckt. Mädchen/Frauen sind für den eSport eine Bereicherung und lassen dadurch neue Märkte entstehen und die Community (Gemeinschaft) heterogener werden. (vgl. Schöber 2018: 302f.) Der ESBD hat sich diesem Thema frühzeitig gewidmet und ein Vernetzungsfrühstück mit einer Bundestags- und Landtagsabgeordneten stattfinden lassen. Es wurde sich über Probleme im Management und über die Gestaltung des eSports ausgetauscht und beschlossen, ein Programm zur Förderung von Mädchen/Frauen im eSport zu entwickeln. Außerdem hat sich der ESBD mit dem 1. Berliner eSport-Club zusammengesetzt und überlegt, durch ihre gesellschaftliche Aufgabe für die Mädchen/Frauen einen „Safe Space" zu kreieren. In diesem sicheren Raum können sich dann Mädchen/Frauen hinbegeben, die sich durch schlechte Erfahrungen o. Ä. vor dem Computer oder der Konsole unwohl fühlen. Es soll dann Ansprechpartner geben, die beraten und zur Seite stehen. Im

Verein des ersten Berliner eSport-Club machen Mädchen/Frauen immerhin schon 10 % aus und in den Teams gibt es dadurch eine gute Mischung. Auch wenn es noch ungewöhnlich ist, setzen viele Verbände und Vereine einiges daran, den Frauenanteil zu erhöhen, um vielleicht sogar andere Chancen zu haben. (vgl. J., H. 2018)

3.6 Aktuelle Diskussionen

Zum Thema eSport wurde vor allem in den letzten Jahren viel diskutiert. Im folgenden Abschnitt werden einige wichtige Standpunkte und Meinungen genauer erläutert.

3.6.1 DOSB und Bundestag

Im Jahr 2022 wird es bei den Asian Games (Olympiade für Asien) Wettkämpfe im Bereich eSport geben. In Deutschland wird noch immer diskutiert, ob eSport überhaupt Sport ist und die Anerkennung bekommen soll. Der DOSB (Deutscher olympischer Sportbund) hat zur Klärung der Frage im Dezember 2017 eine Arbeitsgruppe gebildet, die im Dezember 2018 eine Entscheidung treffen will. Es sind 20 Experten aus Sportverbänden, Games-Branche, Pädagogik, Recht, Wissenschaft und Jugendorganisationen, die darüber beraten, ob und gegebenenfalls wie eSport in den Sportverbänden- und vereinen integriert werden kann. (vgl. DOSB 2018: Pressemitteilung) Veronika Rücker, Vorstandsvorsitzende des DOSB, äußerte sich wie folgt: „Wir haben unterschiedliche Perspektiven und konträre Sichtweisen von den Fachleuten gehört. Im Folgetreffen wollen wir uns mit Sportvereinen und Gamern austauschen, um Berührungspunkte und Trennendes in der Praxis zu ermitteln und gegenseitige Erwartungen zu klären. [...]" (DOSB 2018: Pressemitteilung).

Das allgemeine Problem stellt hauptsächlich die Definition des Begriffs Sport dar. Es gibt keine lexikalisch festgehaltene Beschreibung von Sport; das müsste zu der heutigen Zeit noch einmal überdacht werden, da die Digitalisierung selbst den Sport erreicht hat. Der DOSB als Dachverband hat dem Sport die Eigenschaften zugeschrieben, dass eine „eigene sportartbestimmende, motorische Aktivität" (DOSB 2014: 2f.) vorliegen muss. Beim Vergleich von „normalen" Sportarten ist die Gewichtung von eigenmotorischer Aktivität, kognitiven, sozialem und Wettbewerbsaspekten sehr unterschiedlich. Daher ist die Kraftentfaltung genauso wie Geschicklichkeit, Schnelligkeit und Ausdauer eine eigenmotorische Aktivität und hat es damit ermöglicht, den Schieß- und Reitsport als Sport aufzunehmen. Der Begriff Sport kam Ende des 19. Jahrhunderts nach Deutschland und stieß auf das damalige Phänomen Turnen. Das Verständnis von Sport umfasste folgende Punkte: Betonung des Wettbewerbsgedanken, standardisierte, messbare und teils inszenierte Wettbewerbssituationen. Durch das Turnen änderte sich das Begriffsverständnis und führt zur heutigen Debatte um den eSport. Bei den eSport-Turnieren werden von den Spielern Höchstleistungen verlangt, die den Leistungen in anderen Sportarten in nichts nachstehen. So sind eine vorausschauende und spielübergreifende Planung, Strategie, Reaktionsstärke, präzises Timing und geschickte Ausführung notwendig, um in einem Match bestehen zu können. Außerdem sollten die ethischen Werte, wie Teamfähigkeit und Fairplay nicht vergessen werden. eSport-Turniere dienen sicherlich zu einem gewissen Teil der Unterhaltung, aber für die Sportler zählt jede Minute in einem Match, damit sie ihre Fertigkeiten erweitern können, die stetige Verbesserung und Optimierung der Leistung im Spiel erreichen und die körperliche Leistungsfähigkeit steigern. Während eines Matches liegt der Cortisol-Spiegel eines Spielers auf dem Niveau eines Rennfahrers und seine Herzfrequenz (ca. 160 bis 180 Schläge pro Minute) kommt an die eines Marathonläufers heran. Der Körper und die Psyche müssen diesen Belastungen teils über mehreren Stunden ohne Pause standhalten können. eSport fehlt es nicht an sportlichen Qualitäten, sondern im digitalen Zeitalter ist das Verständnis von Sport nicht mehr angemessen und sollte aktualisiert werden. (vgl. Bundesverband Interaktive Unterhaltungssoftware 2017: 30f.)

Der Bundestag hat über den eSport schon im Juni 2017 debattiert, kam aber nicht zu einem eindeutigen Ergebnis. Ihre Pro- und Kontra-Argumente hielten die Abgeordneten wie folgt schriftlich fest: (vgl. Deutscher Bundestag 2017: Sachstand, Ist E-Sport Sport?) Unter den Pro-Argumenten wurde der enorme Anteil an der Geschicklichkeit und der Auge-Hand-Koordination anerkannt und die damit einhergehende hohe körperliche Belastung. Durch die langwierigen Spiele, teils über mehrere Stunden, müssen die eSportler hochkonzentriert bleiben, um das Spielgeschehen zu verfolgen und die angewandte Strategie umzusetzen oder auf eine andere zurückzugreifen. Damit ihr Körper dem gerecht werden kann, haben die Sportler neben ihrem üblichen Training zusätzlich Kraft-Training, damit die Rückenmuskulatur dem langen Sitzen standhalten kann und die Spieler während Turnieren spannungsfrei sitzen können. Die Komplexität der eSport-Spiele überwiegt andere Gesellschafts- und Sportspiele. Durch die komplexeren Spielzüge und der dominierenden Taktik und Strategie, kann eSport mit Realsportarten wie Schach und American Football mithalten.

Zu den Kontra-Argumenten zählt, dass Sport im Allgemeinen auf die regelmäßige Erhaltung der Gesundheit und Steigerung der körperlichen Leistungsfähigkeit zielt. Beim eSport stehen eher der Zeitvertreib und die Entspannung im Vordergrund. Selbst, wenn eSport in Wettkämpfen stattfindet, ist es nicht als Sport einzustufen, da es nicht gespielt wird, um sich zu ertüchtigen. Wie schon erwähnt, muss eine eigene, sportartbestimmende motorische Tätigkeit vorliegen. Zwar werden die Geschicklichkeit und Auge-Hand-Koordination bei Turnieren geschult und verbessert, zugleich findet eSport aber im Sitzen statt. Da stundenlang der Bildschirm fixiert wird und die Augen der Strahlenbelastung ausgesetzt sind, erinnere es eher an Büroarbeit und nicht an Sport. Ein weiterer Punkt ist, dass egal bei welcher Sportart ein gewisser Anteil an Kraft- und Bewegungsaufwand erbracht wird, selbst beim Darts und Sportschießen, und im eSport nur die Hände beansprucht werden.

Im September 2018 veröffentlichte der Bundestag seine Antworten auf die Fragen der FDP, die eine Anfrage bezüglich der Anerkennung des eSports gestellt haben. Zusammenfassend kann gesagt werden, dass die Bundesregierung weder den Begriff Gaming noch eSport definieren wird, sondern, dass sie dies als Aufgabe der organisierten Sportverbände betrachtet. So wird abgewartet, bis die Arbeitsgruppe des DOSB im Dezember 2018 ihre Ergebnisse präsentieren wird. Insgesamt umfasste diese Anfrage 49 Fragen, wovon drei kurz erläutert werden. (vgl. Deutscher Bundestag 2018: 11ff.)

In der Frage Nummer 46 geht es um die Chancen beim eSport für die gesellschaftliche Teilhabe von Menschen mit Behinderung. Nach Auffassung der Bundesregierung kann noch diesbezüglich keine endgültige Entscheidung getroffen werden, aber eSport kann einen wichtigen Beitrag leisten, um die gesellschaftliche Teilhabe und individuelle Anerkennung zu ermöglichen. Vor allem Menschen mit körperlichen Beeinträchtigungen können ohne Probleme mit eSport anfangen und Karriere machen, welches ihnen bei „normalen" Sportarten in der Regel nicht möglich ist. Außerdem könnten durch eSport die bestehenden Differenzierungen und damit einhergehenden Barrieren zwischen Behinderten- und Nicht-Behindertensport umwunden werden und eSportlern mit Behinderung eine vollständige Gleichberechtigung und Teilhabe ermöglichen. eSport bietet Chancen, eine bestehende Lücke zu füllen und eine bestimmte Gruppe von Menschen mit einzubeziehen.

Die Frage Nummer 47 beinhaltete, ob mit eSport die Integration gefördert werden kann. Zur Förderung der Integration von Zugewanderten durch eSport liegen der Bundesregierung keine Erkenntnisse vor. Doch sie sagt, wenn eSport Menschen unterschiedlicher sozialer, kultureller und ethnischer Hintergründe zusammenbringt, Begegnungen und Erlebnisse schafft, könne eSport die Integration fördern.

Frage Nummer 48 handelte von eSport-Angeboten, etwa über Projekte in den Bereichen Bildung, Kultur oder Sport, die der Bund eventuell fördert. Seitens der Bundesregierung werden keine Projekte oder Maßnahmen im Bereich eSport gefördert. An dieser Frage kann festgestellt werden, dass das Thema eSport noch immer aufgeschoben wird. Andere EU-Staaten haben sich eSport längst angenommen und es als Sport anerkannt und gefördert.

Die Arbeitsgruppe des DOSB kam zu dem Ergebnis, dass eSport keine Anerkennung als Sport bekommen wird. Hinzu kommt die Unterscheidung zwischen elektronischen Sportsimulationen und „eGaming". Die virtuellen Sportarten sollen demnach gefördert werden, da sie Regeln und Bewegungsabläufe haben und dadurch realen Disziplinen nachempfunden sind. Zusätzlich bieten sie Möglichkeiten für die Entwicklung von Sportarten in Vereinen und Verbänden unter dem Dach des DOSB. Das „eGaming" hingegen ist Teil der Jugend- und Alltagskultur, hat aber keine eigenständige, sportliche Aktivität. Außerdem entsprechen die Spielinhalte und -kulturen zu häufig nicht vollumfänglich den elementaren Werten des Sports. (vgl. DOSB 2018: DOSB und ESPORT)

Zu dem Thema, ob eSport nun Sport ist oder nicht, haben auch der ESBD und die eSportler einen eigenen Standpunkt. eSportler fühlen sich als Sportler und geben ihr Bestes um gesund, fit und mental stark zu sein. Die eSport-Vereine haben fast dieselben Strukturen wie andere Sportvereine und bieten Vereinsaktivitäten an. Trainingsstrukturen werden mit Hilfe des Trainers und der Jugendförderung erarbeitet und umgesetzt. Im Verein und in den Turnieren gibt es einen Leistungsvergleich durch den Wettbewerb und bietet den eSportlern so die Möglichkeit sich zu verbessern. eSport ist ein Präzisionssport, genauso wie Schach, Darts oder Sportschießen. (vgl. J., H. 2018)

3.6.2 Marketing

Das Kapitel Marketing soll einen kleinen Einblick geben, wie die eSport-Turniere finanziert und organisiert werden.

Es gibt zwei Arten von Turnieren: Online- oder Offline-Turniere. Online-Turniere entscheiden meistens vor großen Wettkämpfen oder Weltmeisterschaften, welche Teams sich qualifiziert haben. Das bedeutet, dass Teams auf der ganzen Welt gegeneinander antreten können. Offline-Turniere finden, wie oberes Bild zeigt, oft in großen Arenen statt. Die Technik und das Equipment werden vom Veranstalter gestellt, sodass nur noch die eSportler anwesend sein müssen. Das Spiel wird ohne Internet gespielt und die Computer- oder Konsolen sind über ein internes Netz miteinander verbunden. Je nach Spiel und Spielehersteller kann es sein, das extra für das Turnier kleine Änderungen am Spiel vorgenommen werden, um z. B. Zufallsfaktoren zu minimieren.

Der Veranstalter eines eSport-Turniers hat die Aufgabe den Ablauf zu organisieren, Regeln aufzustellen, das Spiel auszuwählen und die Teilnehmer zu verwalten. Neben dem Thema, ob es ein Online- oder Offline-Turnier sein soll, muss sich der Veranstalter überlegen, ob er seinen Fokus auf ein bestimmtes Genre oder Spiel lenkt. Er kann nur ein Spiel als Turnier veranstalten oder wählt sich mehrere Spiele eines gewählten Genres aus. Des Weiteren sollte über das System entschieden werden, entweder Computer oder Konsole. Da es hier aber darauf ankommt, auf welchem Medium das gewählte Spiel erschienen ist, trifft sich diese Entscheidung von allein. Sollte ein Spiel auf mehreren Systemen erschienen sein, legt der Veranstalter fest, auf welcher Plattform das Turnier stattfindet. Ein weiterer Faktor den ein Veranstalter beachten muss, ist, dass es eine Abhängigkeit von einem Herausgeber gibt. Das bedeutet, wenn jemand ein Turnier in LOL veranstalten möchte, muss er zunächst den Herausgeber des Spiels, in dem Fall Riot Games, kontaktieren und in Erfahrung bringen, welche Kriterien bestehen, um das Turnier auszuüben. Damit die Kosten abgedeckt werden können oder mehr eingenommen wird, hat der Veranstalter verschiedene Einnahmequellen, z. B. Eintrittsgelder, Verkauf von Werbung und Sponsoring. Die Eintrittsgelder machen einen kleinen aber schon entscheidenden Betrag aus, da sie im zweistelligem Bereich liegen und mit anderen Veranstaltungen aus Sport und Kultur mithalten können. Zweifelsfrei stellen die größten Einnahmen der Verkauf von Werbung und das Sponsoring dar. Die Werbung auf eSport-Turnieren wird auch Branded Entertainment genannt und ermöglicht, dass sich Hersteller von z. B. Intel präsentieren können, in dem ihr Logo hinter, vor oder neben den Teams steht, aber auch auf der Kleidung der Spieler. Eine andere Art von Werbung ist das Ingame-Marketing. In Spielen werden teils versteckte Marken integriert oder abgewandelte Logos präsentiert, d. h. es steht nicht der originale Name von der Marke da, es kann aber anhand der Farbe, Form oder des Schriftzugs usw. auf die Marke geschlossen werden. Das Sponsoring ist für den eSport genauso wichtig wie für den Sport. Mit der rasanten Steigerung des Interesses an eSport ist auch das Interesse der Werbetreibenden gewachsen. Durch das Sponsoring wurden/werden die Events immer umfangreicher und die Preisgelder immer höher. Der eSportler ist mittlerweile ein Multiplikator und relevant für die Unternehmen, um junge Menschen zu erreichen. Die ESL bietet Werbetreibenden verschiedene Zugänge zu der Community, sei es über Online-Werbung,

Werbebanner in Streams oder vermehrte Werbung bei Turnieren. Sponsoring im eSport erlaubt, das über zahlreiche Kanäle ein Zugang zu den (zukünftigen) Konsumenten geschaffen wird. Kaum ein anderer Bereich kann auf so viele Arten Produkte so gut verkaufen. (vgl. Breuer 2012: 104ff)

4 Ländergegenüberstellung

Im folgenden Kapitel wird die eSport-Kultur der Länder Südkorea und Deutschland gegenübergestellt, damit die Unterschiede und Gemeinsamkeiten im eSport deutlich werden. Für das Kapitel 4.1 wurde das Buch PC bang, E-Sport und der Zauber von Starcraft von S. 29-99 als Literatur verwendet.

4.1 Südkorea

Südkoreas Anfänge in der Videospielindustrie starteten erst in den 90er Jahren, in dem das Erste grafische MMORPG (Multiplayer Massivley Online Role Play Game) entwickelt und verkauft wurde. Der eSport rückte immer mehr in den Vordergrund, als das Land eine schnell wachsende und besser ausgestatte Infrastruktur entwickelte. Durch die Erneuerungen war es Südkorea möglich, eine sehr leistungsfähige Internetverbindung im ganzen Land zu integrieren. Das Fundament für die beste eSport-Nation wurde somit geschaffen.

4.1.1 KeSPA

Die KeSPA ist die Korea e-Sports Association und der Dachverband des koreanischen eSports. Der eSport wird durch die Organisation im entsprechenden Rahmen und Umfeld unterstützt, vertreten und präsentiert. Durch den Verband werden Teams organisiert, Wettbewerbe ausgerichtet und Regeln festgelegt.

Südkorea strebte danach, dem nationalen eSport einen Rahmen zu bieten und ließ im Jahr 2000 bei einer informellen Pressekonferenz veröffentlichen, dass ein Unternehmen gegründet werden soll, welches sich dem koreanischem eSport widmet. Einige Wochen später folgte die Genehmigung vom Ministerium für Kultur, Sport und Tourismus, eine Organisation zu gründen. Damit begann die Förderung des e-Sports und noch im selben Jahr wurden die ersten Meisterschaften veranstaltet. Das Ministerium für Kultur, Sport und Tourismus bewilligte zeitgleich das Progamer-Lizenzsystem. Unter neuer Leitung im Jahr 2005 wurde im achten Stockwerk der I'Park Mall mit dem Yongsa E-Sport Stadium ein permanentes Stadion für e-Sport eröffnet. Die I'Park Mall ist eines der größten Einkaufszentren und bietet durch die Kombination aus Einkaufs- und Unterhaltungsangebot (Kino, eSport-Stadion), den Einheimischen und Touristen viele Möglichkeiten die Freizeit dort zu verbringen. Die KeSPA zeichnet sich vor allem für die Verleihung von eSport-Awards aus und ist der Veranstalter diverser internationaler Symposien und Konferenzen rund um den eSport.

Die Hauptaufgabe definiert die KeSPA wie folgt: eine Grundlage zu bieten, dass eine gesunde und vernünftige Spielkultur möglich ist, sowie die Vertretung der Rechte und Interessen der registrierten Sportler. Weitere Aufgaben und Ziele sind:

- Die Bildung und Entwicklung des eSports muss unterstützt werden, dazu zählen reine Freizeitspieler, Amateurligen oder Pro-Gaming-Veranstaltungen. Außerdem entscheidet die KeSPA bei internationalen Turnieren, welche Spieler entsendet werden.

- Der Verband hat dafür zu sorgen, eine Basis für eine vernünftige Infrastruktur zu schaffen und zu veranlassen, dass sich der eSport in Form von Stadien und Game-Museen präsentiert. Des Weiteren muss er sich der Organisation und Administration der Progamer-Lizenzen widmen, welche komplizierte Systeme sind.

- Es soll ein Wettbewerbsstandard und eine Beurteilungsbasis für offizielle Turniere etabliert werden. Die KeSPA ist befugt, Projekte mit dem Zielgedanken, die Jugendspielkultur zu fördern, zu entwickeln. Damit die Bedeutung des eSports für das Land verdeutlicht wird, finden Ausstellungen und Konferenzen statt.

- Für den internationalen Sektor gibt es Projekte zum Austausch innerhalb der Games Association. Da sich die Spiele und deren Industrie rasant entwickeln und wandeln, richtet die KeSPA Seminare, Symposien und Ausstellungen für die Spielentwicklung und deren Entwickler zur Förderung aus.

- Die KeSPA beschäftigt sich unter anderem auch mit der adäquaten Übertragung von eSport-Turnieren, sei es über das Internet oder Fernsehen.

Die Regierung und der Verband sind sehr bestrebt danach den eSport immer weiter zu fördern und die eSportler zu unterstützen.

4.1.2 Pro-Gamer in Südkorea

Für ein Leben als Pro-Gamer in Südkorea müssen die eSportler nicht nur die besten Spieler sein, sondern unter anderem von einem Talentscout entdeckt werden. Damit sie in die Korea eSports Association registriert werden können, kommen drei Bedingungen hinzu: 1. Basistraining, 2. Dauer der Grundausbildung und 3. Alternative zur Qualifikation bei Ligaturnieren.

Das Basistraining dient zur Entwicklung der Fähigkeiten und ermöglicht den e-Sportlern ihre Leistungen zu verbessern. Um zu diesem Training und der Registrierung zugelassen zu werden, müssen sich die angehenden Pro-Gamer in Einzel-

oder Ligaturnieren beweisen. Dazu sollten sie binnen eines Jahres in zwei offiziellen Ligaturnieren einen Platz mit Preisgewinn belegen. Wenn sie diese Anforderungen erfüllen und durch das Komitee der KeSPA die Zulassung bekommen, können sie ihr Basistraining anfangen. Eine andere Möglichkeit wäre, von einem registrierten Team empfohlen zu werden.

Die Dauer der Grundausbildung beträgt ca. zwei Jahre, mit Einbeziehung der Turnierteilnahme, um überhaupt zugelassen zu werden. Für die Teilnahme an der Ausbildung muss sich der angehenden Pro-Gamer anmelden. Das Training ist verpflichtend und eine notwendige Voraussetzung, die streng überprüft und bei nicht erscheinen zu Sanktionen führen kann. Bei dem ersten Verstoß erhalten sie eine Verwarnung, bei dem zweiten direkt darauffolgenden wird der Pro-Gamer vorübergehend suspendiert und bei dem dritten Verstoß hintereinander oder fünften insgesamt, ist die Konsequenz die Annullierung der Befugnis.

Für eine Qualifikation ohne die von der KeSPA vorausgesetzten Wettkampfplatzierungen, muss der angehende Pro-Gamer, wie oben erwähnt, von einem Team empfohlen werden. Da die Manager und Trainer nur die besten Talente begehren, ist daher ein außergewöhnlicher Werdegang mit vielen Siegen unumgänglich. Der Gamer kann durch dieses Nominierungssystem sofort mit dem Basistraining anfangen.

Das allgemeine Training wird von den jeweiligen Teams vertraglich festgehalten und beinhaltet nicht nur die Trainingszeiten, sondern auch physisches Ausdauertraining, Fitnessübungen, gesunde Ernährung und Pausen für die Hauptmahlzeiten. Herausragende Pro-Gamer arbeiten auch noch nach den Trainingszeiten an ihren Fertigkeiten und Leistungen. Die eSportler sind davon überzeugt, dass nicht nur ausdauerndes und effizientes Training und der daraus resultierende eiserne Willen jemanden zum professionellem eSportler macht, sondern der Spaß am Spiel. Die Pro-Gamer sollten sich im Klaren darüber sein, dass die Leidenschaft für ihr gewähltes Spiel so stark sein muss, um dafür ihre ganze Freizeit zu opfern. Vor Turnieren spielen die Sportler bis zu 14 Stunden am Tag, für die perfekte Beherrschung des Spiels. Das bloße Üben ist trotzdem nicht entscheidend, eher welche Trainingsmethoden gewählt werden.

Pro-Gamer der KeSPA zahlen für ihre Mitgliedschaft, wie bei jedem Verein/Organisation, einen jährlichen Mitgliedsbeitrag. Im Jahr 2007 betrug die Höhe für Sportler in organisierten Teams 50.000 Won (rund 28 $) und für einzelne Mitglieder 30.000 Won (rund 17 $). Damit sie sich in der KeSPA auch ausweisen können, bekommen die eSportler eine Mitgliedskarte, mit Namen und Geburtsdatum, aber auch den Spieltitel, mit dem sie innerhalb der Liga antreten und der Zeitraum für die Vertragsdauer.

4.1.3 Weitere Merkmale

eSport in Südkorea zeichnet grundlegend eine 20-jährige staatliche Förderung aus. Die Trainings- und Kulturstrukturen konnten sich somit in den Jahren entwickeln und verbessern sich immer weiter, da auch das Kulturministerium sich mit eSport auseinandergesetzt und zur Förderung beigetragen hat. Die eSportler werden von der Gesellschaft größtenteils anerkannt, weil ihr Potential wahrgenommen wurde. Einige von ihnen durften sogar das olympische Feuer tragen und konnten ein Statement setzen. (vgl. J., H. 2018) Die südkoreanische Regierung hat sich des Themas früh angenommen und beglückwünscht jeden internationalen Sieg der Teams.

Im Jahr 2005 haben die koreanischen TV-Sender angefangen eSport-Turniere im Kabelfernsehen zu übertragen. Es haben sich Fernsehsender extra darauf spezialisiert, Videospielinhalte auszustrahlen. Damit die jüngere Zielgruppe immer weiter angesprochen wird, wurden nicht nur viele Turniere gezeigt, sondern es gab auch Informationen rund um die Spiele und Ligen. Wie bei anderen Sportarten, gibt es während eines Turniers Kommentatoren die Ergänzungen zu dem Spielgeschehen machen. Die Kommentatoren müssen nicht nur über eloquente Fähigkeiten verfügen, sondern über ein außergewöhnliches Insiderwissen, welches die Maps (Karte), Regeln der Ligen und des jeweiligen Spiels, beinhaltet. Die medialen Übertragungen werden von den koreanischen Zeitungen abgerundet, die regelmäßig Artikel über Pro-Gamer, Neuerungen im Bereich des eSports und der Spielindustrie veröffentlichen. Die interessierten Menschen können sich von überall her ihre Informationen über eSport beschaffen.

Den Fans in Südkorea wird einiges geboten, um an Veranstaltungen teilzunehmen oder ihre Teams zu unterstützen. Es gibt viele eSport-Bars/Hallen, in denen unbekanntere und bekannte Teams Turniere veranstalten. Zu großen Wettkämpfen werden Stadionhallen umgebaut, damit die zahlreichen Fans untergebracht werden können. Sollten Turniere außerhalb von Südkorea stattfinden, reisen viele Fans extra in die Länder, um ihr Lieblingsteam anzufeuern. Mit Plakaten und Leuchtschildern, wo der Name des Teams oder eines Spielers darauf steht, unterstützen Fans die eSportler und sie bekommen zusätzlich Motivation, ein gutes Turnier zu spielen. Die Veranstalter streamen die Spiele über Twitch, YouTube und Co. auf der ganzen Welt, damit die Fans aller Länder auch dabei sei können. Der

Bekanntheitsgrad der Pro-Gamer geht so weit, dass Fanartikel, wie Poster, Sticker und Autogrammkarten, verkauft werden. Außerdem wollen viele Markenhersteller oder Firmen die eSportler für Werbung im Fernsehen, auf Plakaten oder in Zeitschriften engagieren, um noch eine andere Zielgruppe zu erreichen. eSportler sind in Südkorea „Aushängeschilder" und für zahlreiche Kinder und Jugendliche Vorbilder.

Um es als Pro-Gamer in Südkorea zu schaffen, brauchen die Gamer viel Spielerfahrung, Talent und Übung, aber auch Glück, von einem Talentscout oder Team entdeckt und empfohlen zu werden.

4.2 Deutschland

Der eSport ist in Deutschland schon Jahrzehnte vertreten, aber das große Interesse kam erst in den letzten Jahren. Mit der wachsenden öffentlichen Aufmerksamkeit musste sich nun auch die Regierung mit dem Thema auseinandersetzen. Viele Organisationen, wie der ESBD, setzen sich weiterhin dafür ein, dass eSport die Anerkennung als Sport bekommt.

Durch die stärkere Popularität des eSport in Deutschland sind schon vor einigen Jahren große Vereine, wie Schalke 04 oder der VFL Wolfsburg, aufmerksam geworden. eSport-Veranstaltungen haben in den letzten Jahren in Arenen stattgefunden und waren bis auf den letzten Platz ausverkauft. Der Verein Schalke 04 hat daraufhin eine Chance gesehen, das Unternehmen noch weiter auszubauen und mehr Menschen zu erreichen. Es wurde überlegt, ob und wie das eSport-Team in die bestehenden Strukturen des Vereins integriert werden kann. Durch die bestehenden Infrastrukturen des Fußballvereins kam es schnell zu einer Einigung, womit die künftigen eSportler Training und Unterstützung erhalten. Der medizinische Bereich kann z. B. auf die Gesundheit der Spieler achten und ihnen beratend zur Seite stehen. Schalke 04 betrachtet den eSport dabei als Sportart und setzt sich zudem für die Anerkennung ein. Weitere Vereine haben eSport-Teams für FIFA, LOL und Co. gegründet, um von dieser Marktlücke profitieren zu können. (vgl. Deloitte 2016: 7f.) Doch einige werden nach den Probephasen auch wieder Abstand davon nehmen, weil sie nicht die gewünschten Erfolge erzielt haben und viele Menschen negative Assoziationen mit dem eSport in Verbindung bringen. Es könnte aber vor allem für die nächsten Jahre eine ergänzende positive Entwicklung sein. (vgl. J., H. 2018)

Im Jahr 2016 wurde in Deutschland erstmals ein eSport-Turnier live im Free-TV übertragen. Der Sender Sport1 zeigte das Finale von DOTA II der ESL One Frankfurt. Mit dieser Premiere wurde ein weiterer Schritt für Deutschland gemacht, denn in anderen Ländern gehören eSport-Turnier-Übertragungen zum Alltag. Das Problem bestand darin, die eSport-Turniere gezielt aufzuarbeiten, dass selbst ein Laie versteht, worum es gerade geht. Dafür bedarf es vor allem bei den komplexeren Spielen wie LOL und DOTA II eine intensive Kommentierung und ein bestehendes Hintergrundwissen, seitens der Kommentatoren. Nur wenig später berichtete Sport1 von der europäischen League of Legends Champion Serie. Der Sender ist dafür eine Kooperation mit der ESL und Riot Games eingegangen und verkauft zusätzlich offizielle eSport-Fanartikel im Online-Shop. Sport1 hat daraufhin einen e-Sport-Channel erstellt und in ihrer App können sich Interessierte über News, Statistiken, Videos und Hintergründe zu den beliebtesten Spielen, Spielern und Turnieren informieren. Zudem wurde auf YouTube ein eigener eSport-Kanal erstellt, wodurch es eine kontinuierliche Berichterstattung gibt. Sowohl eSport als auch die Sender profitieren von der gegenseitigen Kooperation und erreichen jeweils andere Zielgruppen. (vgl. Deloitte 2016: 10)

Als Ausrichtungsstandort für große Turniere ist Deutschland in der Welt gut platziert. Viele Meisterschaften werden jährlich in den großen Städten ausgetragen. Die ESL veranstaltet in Köln, Frankfurt, Hamburg u.v.m. für die Spiele CS:GO und DOTA II die Weltmeisterschaften und überträgt diese in die Welt. Die Veranstaltungen sind seit Jahren ausverkauft, und das über einige Wettkampftage. Menschen aus aller Welt reisen dafür nach Deutschland und füllen mit 15000 - 25000 Plätzen die Arenen. Eine weitere wichtige Veranstaltung ist die jährlich stattfindende Gamescom in Köln. Es ist eine Messe für Computer- und Videospiele und zahlreiche Hersteller aus aller Welt präsentieren ihre neuste Hard- und Software. Gemessen an Ausstellungsfläche und Besucherzahlen ist es in der Branche die größte der Welt. (vgl. J., H. 2018)

Im Rahmen dieser Bachelorarbeit wurden zwei eSport-Veranstaltungen besucht, und die Eindrücke werden anhand von Feldnotizen beschrieben. Das Besondere an Feldnotizen ist die umfassende breite Nähe, die zur empirischen Untersuchung des Themas, aufgebaut wird. Durch das Beobachten auf den Veranstaltungen haben Eindrücke und Erfahrungen dazu geführt, ein besseres Verständnis für eSport zu entwickeln. Hinzu kommt, dass der Beobachtende durch die Stimmung eine Ahnung davon bekommt, wie gestresst und angespannt nicht nur die Fans sind, sondern vor allem die Sportler auf den Bühnen. Da beide Veranstaltungen über mehrere Stunden gingen, wird grob beschrieben, was beobachtet werden konnte.

„Am 26.07.2018 wurde an einem Wettkampftag das PUBG eSport-Turnier besucht. PUBG (Players Unknown Battelground) ist ein „Battle Royal"-Spiel, in dem 100 Spieler auf einer Karte mit verschiedenen Orten landen. Die Spieler werden mit einem Flugzeug über die Karte, welches eine Insel ist, geflogen und müssen innerhalb weniger Minuten rausspringen. Auf der Insel sind überall Waffen, Ausrüstung und Munition versteckt. Nach ein paar Minuten verkleinert sich die Karte, wodurch die Spieler immer enger zusammenrücken und einer Konfrontation nicht mehr ausweichen können. Der letzte lebende Spieler gewinnt. PUBG kann auch in einem Team mit zwei bis vier Personen gespielt werden, welches im Turnier der Fall war. Der Wettkampf fand in der Mercedes Benz Arena in Berlin statt und war ausverkauft. Am Eingang bekamen die Besucher eine Karte und Gutscheine überreicht. Die Taschen wurden kontrolliert und durften nicht größer als A4-Format sein. Im Foyer der Arena waren verschiedene Gastronomiegeschäfte und Stände mit Fanartikeln, Wetten konnten gemacht werden (ohne Geld), es gab eine kleine Spiel-Area und einen Stand, wo sich ein gratis Goody Bag (Tüte mit Geschenken) abgeholt werden konnte. Es beinhaltete ein T-Shirt, einen Button und Codes, die für den eigenen Spielcharakter gedacht sind. Diese Sachen gab es nur an einem Tag und waren limitiert, d. h. die Codes wurden bei z. B. eBay zu sehr hohen Summen verkauft. Der Innenraum der Arena war abgedunkelt und in der Mitte war eine Runde Bühne mit den 20 internationalen teilnehmenden Teams und Kommentatoren. Die Veranstaltung war auf Englisch und wurde über YouTube und Twitch gestreamt. Das Spiel wurde extra für das Turnier abgeändert, damit viele Zufallskriterien herausfallen. Mit vielen Licht- und Raucheffekten kam das Turnier einem Konzert gleich. Die Stimmung bei den meist asiatischen Fans war euphorisch und jeder feuerte sein Team an. Der Wettkampf ging bis 22:15 Uhr und verlief ruhig und organisiert."

„Am 29.09.2018 wurde die EGX (Eurogamer Expo) in Berlin besucht, eine Art Gamescom, nur sehr viel kleiner. Es ist ebenfalls eine Messe für Computer- und Videospiele und beinhaltete auch Hersteller, die ihre neue Hard- und Software vorstellen. Die EGX fand das erste Mal in Berlin statt. Am Eingang fand eine Taschenkontrolle statt und Bändchen als „Ticket" wurden vergeben. Das Besondere an der Messe war, dass diese erst ab dem 18. Lebensjahr besucht werden durfte, durch die vorgestellten Spiele mit FSK 18. Es waren drei überschaubare Hallen mit Gastronomiegeschäften, Fanartikelständen, Brettspielangeboten, Umkleiden für Cosplayer (Menschen, die sich gerne als Comic- oder Animefigur verkleiden) und eine abgedunkelte Halle mit verschiedenen Spielangeboten. In dieser Halle fanden e-Sport-Turniere in verschiedenen Spielen statt. Das beobachtete Turnier fand in dem Spiel Tom Clancy`s Rainbow Six Siege statt und ähnelt CS:GO. Es war eine kleine Bühne mit zwei Teams und zwei Kommentatoren. Die Veranstaltung war auf Deutsch. Die Stimmung war konzentriert, sowohl bei den eSportlern wie auch bei den Zuschauern. Es gab keine Zwischenfälle und war eine gut organisierte Veranstaltung."

Wie die beiden Ausschnitte zeigen, ist Deutschland als Veranstaltungsstandort begehrt und zieht viele Menschen an. Den deutschen eSport-Fans wird bisweilen noch nicht mehr geboten. Trotzdem feuern sie ihre Teams an und versuchen entweder live dabei zu sein oder über Streaming-Portale kein Spiel zu verpassen.

5 Jugend

Die folgenden Kapitel beschäftigen sich mit der Darstellung der Lebensphase Jugend, den Entwicklungsaufgaben, Medien in jugendlichen Lebenswelten und der Jugendkultur Gaming.

5.1 Lebensphase Jugend

Die Lebensphase Jugend wird als eigenständiger Lebensabschnitt verstanden. Es ist die Zeitspanne zwischen der Kindheitsphase und dem Erwachsenenalter. Mit dem Einsetzen der Pubertät um das 13. Lebensjahr wird dann von der Jugend oder dem Jugendlichen gesprochen. Die Jugend im Allgemeinem bezeichnet die Altersgruppe vom 13.- bis ca. 25.-Lebensabschnitt, indem die lebensphase typischen Verhaltensweisen und Einstellungen auftauchen. (vgl. Kruse 2013: 4) Die 13- bis 18-jährigen stellen die Jugendlichen im engeren Sinne dar. Der Begriff Post-Adoleszente gilt für die 18- bis 25-jährigen und ältere Jugendliche. Im biologischen Sinne ist die Jugend vorherbestimmt, sozial und kulturell gesehen bestimmen Faktoren die Lebensphase mit und geben dem Individuum Voraussetzungen, um ein selbstständiges Handeln in allen gesellschaftlichen Bereichen zu erwerben. Unter Einbeziehung der soziologischen Sicht sind die Handlungsanforderungen einerseits unselbstständig und kindlich, andererseits gewissermaßen selbstständig und erwachsen. Der Jugendliche schafft es erst aus dieser Phase auszutreten, wenn er sich einen gewissen Grad von Autonomie und eigenverantwortliches Handeln angeeignet hat. (vgl. Raithel 2011: 14f.)

In dieser dynamischen Phase beschäftigen sich Jugendliche mit dem Thema der Identität und vor allem der Suche nach einer eigenständigen Identität. Die Pubertät bringt nicht nur körperliche und seelische Veränderungen mit sich, sondern auch eine verstärkte geistige Entwicklung. Dadurch bildet sich das kritische Denken aus und bisher akzeptierte Werte und Personen werden in Frage gestellt. Die Jugendlichen müssen sich mit ihrem Körper neu anfreunden und viele seelische Probleme mit ihrer instabilen Emotionalität bewältigen. In ihrem bisherigen Leben haben sie noch nicht gelernt mit diesen heftigen Stimmungsschwankungen und den innerlichen Krisen umzugehen. Aus diesem Grund entwickeln sie mit den Jahren ihre eigene Art mit Problemen fertig zu werden und sie zu lösen. Oftmals wird den Jugendlichen auf einmal bewusst, dass sie sich von den anderen komplett unterscheiden und anders sind, weshalb sie eine Art Herausfallen aus der bisherigen Welt erleben oder sich sehr fehlplatziert fühlen. Allmählich versuchen sie ihre eigene Identität herauszufinden und probieren sich aus. Es werden Vorbilder gesucht, die in Filmen, Serien oder in den Medien präsent sind. Die Verwirrung, ob sie sich damit identifizieren können oder das wirklich zu ihnen passt, ist eine permanente Begleiterscheinung. Bis sie an ihr Ziel gekommen sind, kann es sehr lange, sogar ein ganzes Leben dauern und ist geprägt von Umwegen, blinder Identifikation und wütender Ablehnung. (vgl. Berlin Divercity 2006: 1f.)

In der Lebensphase haben die Jugendlichen eine sehr starke „Sucht" nach Wahrheit, Werten und Idealen, die bisweilen aber nur in ihren Vorstellungen existiert haben und selten schon verwirklicht werden konnten. Wenn Jugendliche das Gefühl haben, dass sich Eltern, Lehrer oder allgemein Erwachsene unaufrichtig, falsch oder wenig glaubwürdig zeigen, können heftige Reaktionen der Gefühle entstehen. Die entwickelte Aggression und deren Freilassung ist im Geschlecht unterschiedlich, denn während Jungen häufiger mit nach außen gerichteter Aggressivität auf das Umfeld reagieren, richtet sich die Aggression bei Mädchen eher auf das Innere, also auf sich selbst. (vgl. Berlin Divercity 2006: 1f.)

Die Jugendlichen sind größtenteils mit sich selbst beschäftigt, haben aber nebenbei noch mit den schulischen Leistungen und Anforderungen zu kämpfen. Sie müssen sich zusätzlich allmählich mit der Frage auseinandersetzen, wie es beruflich weiter gehen soll. Die meisten Jugendlichen stellen sich jedoch diese Frage erst gegen Ende der Schulzeit und stehen somit vor neuen Herausforderungen und Problemen. Sie werden dahingehend von ihren Gefühlen unterstützt, da ein neuer Abschnitt in ihrem Leben beginnt, sie endlich auf eigenen Füßen stehen möchten und die Welt außerhalb der Schule erleben können. (vgl. Berlin Divercity 2006: 1f.)

Die heutige Lebensphase Jugend hat mittlerweile eine ganz eigene Qualität, die sich in ihrer Gestaltung deutlich von den vorangehenden und nachgehenden Lebensabschnitten unterscheidet. Es handelt sich um eine Lebensphase, die einen charakteristischen Stellenwert im menschlichen Lebenslauf einnimmt. Die Jugendphase ist weder als eine bloße Verlängerung der Kindheitsphase, noch als eine reine Durchgangsphase zum Erwachsenenalter zu verstehen. Grundlegende Strukturen der Persönlichkeit werden trotzdem nach wie vor schon im Kindesalter ausgebildet, doch führt die heutige charakteristische Umbruchsituation der Jugendphase zu einer Neubestimmung der Persönlichkeitsdynamik und verändert somit die vorhergehenden Strukturen zu einem neuen Gesamtgefüge. Es kann aber nicht zu einer einfachen Übernahme von gesellschaftlichen Vorgaben von einer Generation zur nächsten kommen, da die im Jugendalter charakteristischen unvoreingenommenen Aneignungs- und Auseinandersetzungsprozesse berücksichtigt werden müssen. Vielmehr ist der Lebensabschnitt geprägt von kreativer und eigenständiger

Gestaltung und aktiver Auseinandersetzung mit den inneren und äußeren Lebensbedingungen. Gerade diese spontanen und offenen Verhaltensweisen sollten als typisch für die Jugendphase angesehen werden. Die Jugendphase darf deshalb nicht als einseitige Übergangsphase zum Erwachsenenalter gelten, die möglichst schnell abgeschlossen werden soll. Viele Experimentier- und Erfahrungsräume würden somit abgekürzt sein und wichtige Erfahrungen könnten wegfallen. Durch die heute verlängerte Jugendphase kann sowieso nicht punktgenau festgelegt werden, ab wann ein Jugendlicher erwachsen ist. (vgl. Hurrelmann 2000: Die 10- bis 15-jährigen – eine unbekannte Zielgruppe?)

Diese Verlängerung birgt auch einige Veränderungen im gesamten Lebenslauf. Da sich die Lebensdauer im letzten Jahrhundert fast verdoppelt hat, ist die Konsequenz ein Zuwachs an älteren Menschen und eine Abnahme an Kindern, weil immer mehr Menschen eher auf die Karriere als auf die Familienplanung achten. Es leben heute mehr Generationen, dessen Wünsche und Bedürfnisse berücksichtig werden müssen. Die demografische Veränderung führt zu einer Umschichtung der Lebensspannen (vgl. Hurrelmann o. J.: 2f.):

- Die Lebensphase Kindheit endet immer früher, wodurch die Jugendphase schneller beginnt. Der Eintritt in die Pubertät beginnt bei Mädchen im Alter von 11,5 Jahren und bei Jungen bei 12,5 Jahren. Ursachen dafür sind wahrscheinlich die ernährungs- und umweltbedingten Einflüsse, weswegen die Hormonproduktion beschleunigt wird. Die eigentlichen Kinder müssen sich mit Problemen und Gefühlsschwankungen auseinandersetzen, die eher mit dem 14. oder 15. Lebensjahr eingetreten sind. Die geschützte Lebensphase Kindheit, wie sie bis in die 1950er Jahre verstanden wurde, existiert heute kaum mehr. Durch die Medienpräsenz bekommen Kinder mit, welche Anforderungen an sie gestellt werden, und welche Veränderungen es im Wirtschafts- und Berufsbereich gibt. So erfahren sie schon in der Grundschule, dass es einen Originalitätsdruck in der individuellen Lebensführung gibt (Kleidung, Aussehen, Verhalten etc.).

- Die Jugendphase beginnt so früh wie noch nie und hat auch kein richtiges Ende. Während früher durch den Beginn der Erwerbstätigkeit oder das Gründen einer Familie der Eintritt in das Erwachsenenalter kam, wird dies heute entweder sehr spät in die Tat umgesetzt oder komplett weggelassen. Der Lebensabschnitt Jugend ist mittlerweile ein langgestreckter Prozess, der seinen eigenen sozialen Rhythmus hat und sich in vielen Facetten (Lebensstil, Konsumverhalten, private Lebensgestaltung usw.) kaum noch vom

Erwachsenenalter unterscheidet. Viele Erwachsene wollen auch ewige Jugendliche bleiben und suchen ständige Herausforderungen. Das Jugendalter ist also keine Übergangsphase mehr, sondern ein Lebensabschnitt mit eigener Dynamik.

- Das Erwachsenenalter ist nicht mehr der dominierende und alles tonangebende Lebensabschnitt, er ist einer unter vielen.

- Das Seniorenalter bekommt nun eine größere Bedeutung und Beachtung, da es das expansivste ist.

Der gewachsene Originalitätsanspruch stellt für Kinder und Jugendliche eine große Herausforderung dar. Das Leben ist unübersichtlicher geworden, da von Anfang an die Möglichkeit besteht, die Vielfalt der Lebenswelten zu erforschen. Kinder und Jugendliche können eine Persönlichkeitsstruktur entwickeln, die auf die schnell wachsenden sozialen und kulturellen Bedingungen angemessen eingeht. Sie können diese Situation produktiv bewältigen, indem sie eine für sich passende Problembewältigung entwickeln und diese durch neue Eindrücke und Einflüsse weiterentwickeln, wodurch es ihr persönlicher Weg geworden ist. (vgl. Hurrelmann o. J.: 4)

Im Jugendalter treffen alle soeben beschriebenen Anforderungen zum ersten Mal auf den Jugendlichen, weswegen in den letzten Jahrzehnten die Überforderung gestiegen ist. Dies hat zur Folge, dass bei Kindern und Jugendlichen Beeinträchtigungen in der Gesundheit und Persönlichkeitsentwicklung aufgetreten sind. Es gibt drei typische Ausprägungsformen von unproduktiver Problemverarbeitung (vgl. Hurrelmann o. J.: 6f.):

1. Depressive Variante: Ausgelöst durch einen hektischen Tagesrhythmus, viel Stress und unzureichende Entspannungsmöglichkeiten, zeigen sich daraufhin psychische und körperliche Erschöpfungszustände, Nervosität, Unruhe, Magenverstimmungen und Schlafstörungen. Die Jugendlichen sind sowohl körperlich als auch seelisch überlastet und haben keine Bewältigungskapazitäten mehr. Diese Beschwerden treffen auf 20 % der Kinder und Jugendliche und sind verbunden mit Müdigkeit, Gereiztheit, Überforderung, Angst und Einsamkeitsgefühl, wodurch sich eine ernstzunehmende Depression entwickeln kann.

2. Aggressive Variante: Ausgelöst durch soziale Desorientierung, familiärer Haltlosigkeit, tiefer Enttäuschung von Bindungserwartungen und Frustration von Selbstwertgefühlen, zeigen sich dadurch Ausprägungen von Hyperaktivität, die Verbreitung körperlicher, psychischer und verbaler Formen der Aggression und Gewalt und teilweise kriminelles Verhalten.

3. Ausweichende Variante: Es ist eine Mischform aus den beiden anderen Verarbeitungsformen. Hinzu kommt aber der Konsum von psychoaktiven Substanzen, also legalen und illegalen Stoffen, zur Manipulation des zentralen Nervensystems. In den letzten Jahrzehnten ist der Zigaretten- und Alkoholkonsum weiter nach vorne in den Lebenslauf gerutscht. Der Medikamentenkonsum hat zudem zugenommen und andere ausweichende Suchtmuster des Verhaltens (z. B. Glücksspielsucht) sind gestiegen.

Für jede Altersphase gilt heute, dass nur die Person gut mit den Lebensanforderungen zurechtkommt, die sozial und psychisch gefestigt ist und ihre individuellen Interessen und Bedürfnisse anpassen und durchsetzen kann. Dazu sollte eine ausgeprägte Selbststeuerungsfähigkeit, eine beständige innere Kontrolle der eigenen Handlungen und eine dauerhafte Selbstbeobachtung und Selbstreflexion gehören. (vgl. Hurrelmann o. J.: 7)

5.2 Entwicklungsaufgaben

Die Entwicklungsaufgaben sind in der Lebensphase Jugend von großer Bedeutung, da sie unverwechselbare Merkmale aufweisen, die sie von der Lebensphase Kindheit- und Erwachsenalter abgrenzen.

Entwicklungsaufgaben beschreiben die typischen körperlichen, psychischen und sozialen Anforderungen und Erwartungen, die von der Umwelt an das Individuum herangetragen werden und/oder sich aus der körperlichen und psychischen Dynamik der persönlichen Entwicklung ergeben. Die Individuen müssen die Entwicklungsaufgaben erkennen, verstehen, annehmen und in konkrete Verhaltensweisen umsetzen. In der Regel setzt dies voraus, dass Jugendliche sich persönlich mit diesen identifizieren können und sie als Orientierungsgrößen für das eigene Handeln sehen. (vgl. Hurrelmann, Quenzel 2016: 24)

Folgende Merkmale definieren die Entwicklungsaufgaben (vgl. Hurrelmann, Quenzel 2016: 24f.):

- Entwicklungsaufgaben nehmen Bezug auf die gesellschaftlichen Normen und Rollenvorschriften,
- Entwicklungsaufgaben werden durch verschiedene Sozialisationsinstanzen vermittelt (Schule, Familie, Freunde etc.),
- Entwicklungsaufgaben strukturieren durch Vorgaben altersangemessene Ziele, die den Lebenslauf und individuelle Entwicklungsverläufe mitbestimmen,
- soziale Erwartungen, die in den Entwicklungsaufgaben gestellt werden sind so tief verankert, dass sich ihnen keiner entziehen kann,
- jeder Mensch versucht diesen Erwartungen auf seiner Art und Weise zu entsprechen und
- Entwicklungsaufgaben werden entweder vollständig erfüllt oder es wird probiert ihnen auszuweichen, aber ignorieren lassen sie sich nicht.

Es kann festgehalten werden, dass es vier zentrale Entwicklungsaufgaben gibt, die sich in unterschiedlicher Ausprägung in allen Lebensphasen identifizieren lassen. (vgl. Hurrelmann, Quenzel 2016: 25)

1. Qualifizieren: Die Wahrnehmung wird geschult, genauso wie die intellektuellen und sozialen Kompetenzen, um sich aktive Tätigkeiten anzueignen und einen Nutzen daraus zu ziehen.
2. Binden: Die Entwicklung eines Selbstbildes vom Körper und der Psyche, um eine eigene Identität zu erlangen. Außerdem die Fähigkeit eine enge Bindung zu erarbeiten, für erfüllende Kontakte zu anderen Menschen.
3. Konsumieren: Psychische und soziale Strategien werden zur Entspannung und Regeneration entwickelt, sowie die Fähigkeit zum produktiven Umgang mit Wirtschafts-, Freizeit- und Medienangeboten.
4. Partizipieren: Es wird die Fähigkeit eines individuellen Werte- und Normensystems verinnerlicht, für die aktive Mitgestaltung von sozialen Lebensbedingungen.

Entwicklungsaufgaben haben zusätzlich eine individuelle und gesellschaftliche Dimension, die auf die vier Entwicklungsaufgaben übertragen werden können. Im Folgenden werden zunächst zwei Definitionen vorgestellt.

Die individuelle Dimension dient der persönlichen Individuation, d. h. eine Persönlichkeitsstruktur mit ganz bestimmten körperlichen, psychischen und sozialen Merkmalen und Kompetenzen wird aufgebaut, um ein unverwechselbares Individuum zu werden. (vgl. Hurrelmann, Quenzel 2016: 25f.)

Die gesellschaftliche Dimension ermöglicht die soziale Integration, also die Zugehörigkeit zu gesellschaftlichen Gruppen und Netzwerken, sowie die Übernahme von verantwortungsvollen gesellschaftlichen Mitgliedsrollen. (vgl. Hurrelmann, Quenzel 2016: 27)

Übertragung auf die vier Entwicklungsaufgaben (vgl.: Hurrelmann, Quenzel 2016: 26ff.):

	individuelle Dimension	**gesellschaftliche Dimension**
Qualifizieren	Ziel der Entwicklung intellektueller und sozialer Kompetenzen: - Entfaltung der kognitiven und intellektuellen Fähigkeiten und soziale Umgangsformen - Wissen wird erworben und angewandt, um selbstverantwortlich sozial zu handeln - wenn Aufgaben bewältigt wurden, können Leistungs- und Sozialanforderungen souverän gehandhabt werden	Ziel der Kompetenz für die gesellschaftliche Mitgliedsrolle eines Berufstätigen: - kognitive und soziale Fähigkeiten, sowie berufsrelevante Fachkenntnisse werden angeeignet - wenn Aufgaben erfüllt wurden, kann Berufstätigkeit angenommen werden und Lebensunterhalt wird selbstständig finanziert
Binden	Ziel der Entwicklung von Körper- und Geschlechtsidentität, sowie der Bindungsfähigkeit: - Akzeptieren der sich verändernden körperlichen und psychischen Befindlichkeiten und Konstitution - Umgang mit etwaigen Beeinträchtigungen oder Behinderungen - Auseinandersetzung mit sexuellen Bedürfnissen - Aufbau einer geschlechtlichen Identität - emotionales Ablösen von Eltern - Aufbau einer Paar- und Partnerbeziehung	Ziel der Kompetenz für die gesellschaftliche Mitgliedsrolle eines Familiengründers: - emotionale und soziale Ablösung von den Eltern - enge Kontakte zu Freunden aufbauen - liebevolle und intime Partnerschaft eingehen - durch feste Paar- und Partnerbindung kann eine Familie gegründet werden

	individuelle Dimension	**gesellschaftliche Dimension**
Konsumieren	Ziel der Entwicklung von sozialen Kontakten und Entlastungsstrategien: - emotional erfüllende und stabile Freundschafts- und Sozialbeziehungen knüpfen - souveräner Umgang mit Freizeit- und Konsumangeboten - Entlastung von Alltagsanspannungen und Regeneration der körperlichen und psychischen Kräfte	Ziel der Kompetenz für die gesellschaftliche Mitgliedsrolle eines Wirtschaftsbürgers: - selbstständiger Umgang mit allen Wirtschaft-, Freizeit- und Medienangeboten und sich dessen finanzieller Kosten bewusst werden - durch Verständnis des Finanziellen, kann ein eigener Haushalt geführt werden
Partizipieren	Ziel der Entwicklung eines individuellen Werte- und Normensystems: - Entfaltung eines persönlichen Systems von Werten und ethnischen Prinzipien der Lebensführung	Ziel der Kompetenz für die Mitgliedsrolle des politischen Bürgers: - aktive Beteiligung an Angelegenheiten der sozialen Gemeinschaft, um seinen Standpunkt in der Öffentlichkeit zu artikulieren

Tabelle 1: Entwicklungsaufgaben auf die Dimensionen übertragen

Wenn jeweils diese vier Entwicklungsaufgaben in der individuellen und gesellschaftlichen Dimension erworben werden, sind die Voraussetzungen gegeben, eine unverwechselbare und individuelle Persönlichkeit mit dem Bewusstsein einer persönlichen Individuation zu entwickeln. Die Zugehörigkeit zu gesellschaftlichen Netzwerken und Gruppen kann hergestellt werden, außerdem wird eine Übernahme von verantwortungsvollen gesellschaftlichen Mitgliedsrollen eingeleitet, um eine soziale Identität aufzubauen. (vgl. Hurrelmann, Quenzel 2016: 28)

Neben den Entwicklungsaufgaben ist in der Jugendphase die Identitätsentwicklung von wichtiger Bedeutung. Es gibt drei Identitäten, die in einer ständigen Wechselbeziehung zwischen Anpassung und individueller Abwandlung stehen. Die soziale und persönliche Identität sowie die Ich-Identität werden im Folgenden beschrieben.

5.2.1 Soziale Identität

Bei der sozialen Identität handelt es sich vorerst um eine soziale Erscheinung, in der eine Person Merkmale und Eigenschaften in Bezug auf seine Lebensumwelt zugeschrieben bekommt. Diese sind in den eigenen Augen charakteristisch für die Person, entsprechen aber nicht den wirklichen Eigenschaften. Auf den ersten Blick sind es vielmehr unsere Erwartungen und Vermutungen, die wir interpretieren. Ein jeder muss im Hinblick auf seine Identität berücksichtigen, dass andere Menschen gesellschaftliche Erwartungen in Form von normativen Anforderungen an ein Individuum haben. Die Gesellschaft schafft die Mittel, um Personen zu einer bestimmten Kategorie zuzuschreiben, die als gewöhnlich und natürlich empfunden wird. Gestellte Forderungen, die wir an das Individuum und seinen Charakter haben, führen zu einer virtuellen sozialen Identität. Wenn die Person unserer Kategorisierung entspricht und die Merkmale und Eigenschaften zugeschrieben werden konnten, führt dies zu einer tatsächlichen sozialen Identität. Das Problem, welches somit jedes Individuum hat, ist mehreren sozialen Identitäten parallel zu entsprechen, da jeder andere Anforderungen an einen hat. Diese Erwartungen muss jeder Einzelne kontrollieren, weil er nicht allen gerecht werden kann und er seine Einmaligkeit, in Abgrenzung zu anderen, bewahren will. (vgl. Uni-Heidelberg o. J.: 162ff.)

5.2.2 Persönliche Identität

Die persönliche Identität ist gekennzeichnet durch positive Attribute und einzigartige Daten der Lebensgeschichte, die ein Individuum ausmachen. Es kann eine Differenzierung erfolgen, womit sich ein Individuum von anderen unterscheidet. Eine Autobiografie kann somit eine Kontinuität in verschiedenen Situationen garantieren. Die persönliche Identität bildet auch eine soziale Erscheinung, weil eine Identifizierung als einzigartiges Wesen in einer Gruppe von Individuen erfolgen kann. Es können aber Abweichungen entstehen, die von sowohl positiven persönlichen Merkmalen als auch Stigmatisierungen, also negativen Zuschreibungen, geprägt sind. (vgl. Uni-Heidelberg o. J.: 164)

Die soziale und persönliche Identität sind soziale Produkte, die jede Person im Interaktionsprozess erwirbt, doch gab es bis jetzt keine Möglichkeit, um die eigene Identität zu betrachten und diese entsprechend den eigenen Bedürfnissen auszugestalten. Das führt dazu, dass eine Ich-Identität entwickelt wird.

5.2.3 Ich-Identität

Die Ich-Identität ist ein Gefühl für ein inneres Sich-Selbst-Gleichsein, was bedeutet, dass ein Wissen um seine eigene Unverwechselbarkeit und Einzigartigkeit besteht und diese von einem selbst und von außen bejaht wird. Es werden viele Bereiche zusammengefasst, die eine große Rolle spielen, wie der eigene Körper, seine Fähigkeiten und Grenzen, die eigene Lebensgeschichte und persönliche Beziehungen zu Menschen, Dingen und normativen Vorstellungen wie Ethik, Religion und Nation. Die Ich-Identität wird im Laufe von Sozialisationsprozessen in der Interaktion mit Menschen und Dingen erworben, sowie die Abgrenzung und Identifikation mit eben diesen. Während des späteren Jugendalters festigt sich langsam die Ich-Identität, wodurch der Jugendliche seine verschiedenen Kindheitsidentifikationen in eine neue Form der Identität mitnimmt oder umwandelt. Seine Identität ist nicht mehr spielerisch wie in der Kindheit und nicht probierfreudig wie in der Pubertät, sondern durch Entscheidungen und Festlegungen bekommt sie eine Beständig- und Festigkeit. (vgl. Diepold 1989: 13)

Diese drei Identitäten begleiten einen Jugendlichen die ganze Zeit, während der Lebensphase Jugend. Er muss damit umgehen können, dass andere Personen gewisse Erwartungen oder auch Vorurteile haben, die mit seinem Handeln entweder bestätigt oder widerlegt werden. Durch diese „Gratwanderung" zwischen den Zuschreibungen von außen und den inneren vorhandenen Eigenschaften, muss der Jugendliche einen Ausgleich finden, mit dem er und die Gesellschaft leben kann. Mit der Ich-Identität findet er seinen eigenen Weg, individuell und einzigartig zu sein. Selbst nach der Lebensphase Jugend entwickelt sich die Ich-Identität durch neue Lebenssituation, Herausforderungen und Veränderungen immer weiter, es ist ein lebenslanger Prozess.

5.3 Medien in jugendlichen Lebenswelten

Am Morgen klingelt der Wecker auf dem Handy: Aufstehen, anziehen und etwas zum Frühstück essen. Nebenbei läuft das Radio und es wird über aktuelle Geschehnisse, das Neuste aus der Region und dem Wetterbericht berichtet, danach folgt Musik und Werbung. Auf dem Weg zur Schule wird Musik über das Handy oder verschiedenste MP3-Player gehört. Nebenbei werden WhatsApp-Nachrichten beantwortet, die E-Mails werden gecheckt, auf Facebook, Instagram und Co. werden Bilder geliked, kommentiert oder weitergeleitet und/oder auf YouTube und Twitch werden Videos oder Livestreams angeguckt. Danach folgen die Unterrichtsstunden mit den Pausen, in denen über Fernsehprogramme, Bilder oder Videos diskutiert werden und zwischendurch eine Stulle gegessen wird. Nach der Schule die Hausaufgaben erledigen, um dann am PC, Tablet, Handy oder der Konsole, Spiele zusammen mit Freunden oder allein zu spielen oder im Internet zu surfen. Das Abendbrot wird eventuell zusammen mit den Eltern vor dem Fernseher eingenommen und später vor dem Schlafen werden noch einmal Nachrichten, Videos, E-Mails etc. gecheckt.

(vgl. Wegener 2016: 7)

Mittlerweile ist dieser beschriebene Tagesablauf für die meisten Kinder und Jugendlichen etwas ganz Normales und macht verständlich, dass das Aufwachsen mit Medien selbstverständlich ist. Die unterschiedlichen Angebote sind ständige Begleiter des Alltags und werden in unterschiedlichen Situationen gezielt und beiläufig genutzt. Medien sind in viele Lebensbereiche eingebunden und werden von Kindern, Jugendlichen und Erwachsenen zu Hause und bei Freunden benutzt. (vgl. Wegener 2016: 7f.)

Die Angebote der Medien dienen zur Unterhaltung, zum Zeitvertreib und/oder aus Langeweile, wenn sich keine andere Beschäftigung bietet. Darüber hinaus liefern Medien Gesprächsstoff und können der Zusammenhalt einer Gruppe sein. Kinder und Jugendliche diskutieren über die neusten Videos oder TV-Shows oder tauschen sich darüber aus. Dadurch unterstützen Medien das Miteinander und bieten den Gruppen einen Raum, in dem sie sich ausprobieren können und gleichzeitig Beschäftigung finden. Fans von Filmen, Serien, Spielen o. Ä. bestätigen so ihre gegenseitige Anerkennung. Andererseits unterstützen Medien auch Abgrenzung, wenn sich zwei Fangruppen gegenüberstehen und beide darauf bestehen, dass ihre Idole die besseren sind. Dass das bei Erwachsenen nicht anders ist, zeigen beispielsweise die hitzigen Diskussionen über die Fußball-Bundesliga. Hier entstehen ebenfalls Gruppen, bei denen Zugehörigkeit und Abgrenzung eine Rolle spielen. Deutlich wird, dass es eine enge Verzahnung von alltäglichem und medialem Handeln gibt. Die Lebenswelten von Kindern und Jugendlichen dürfen nicht getrennt von den

Medien betrachtet werden, sondern als deren unmittelbarer Bestandteil. Im Alltag von Heranwachsenden sind Medien mit den relevanten Themen und Bedürfnissen verbunden und ein wesentlicher Bestandteil ihres sozialen Handelns. (vgl. Wegener 2016: 8ff.)

Ein Teil der Eltern und Pädagogen sehen die Medienentwicklung und den Mediengebrauch der Kinder und Jugendliche mit großem Unbehagen. Ihre Verwunderung, aber auch teilweise Unkenntnis, wie sie mit den Medien umgehen sollen und welche Möglichkeiten sie bieten, lassen sie verschiedene Sorgen formulieren. In Bezug auf die Nutzungszeiten haben sie die Befürchtung, dass Heranwachsende zu viel Zeit mit den Medien und zu wenig Zeit in der „realen" Welt verbringen. Da sich die beiden Welten kaum noch trennen lassen, kann nicht genau gesagt werden, was eine angemessene Mediennutzung ist. Weitere Fragen kommen auf, z. B. auf welchen Seiten sind die Kinder, mit wem schreiben sie, wer sind die Online-Freunde usw. Die pädagogischen Fachkräfte werden zusätzlich vor neue Herausforderungen gestellt, da die älteren Lehrergenerationen mit den technischen Neuerungen überfordert sind. Die Medien abzuschaffen, Kinder und Jugendliche von dem Gebrauch fernzuhalten oder die Inhalte zu reglementieren, sodass sie nur noch pädagogischen Ansprüchen genügen, ist der falsche Weg. Die Heranwachsenden profitieren von der Nutzung und können ihren eigenen Wünschen und Bedürfnissen nachgehen. Medien bieten vielfältige Ausdrucksmöglichkeiten, über die sich Gehör verschafft werden kann. Der Zusammenhalt unter den Jugendlichen wird gefördert und es initiieren sich Cliquenbildungen. Außerdem schaffen es Medien einen Erfahrungshorizont bereitzustellen, den Eltern, Pädagogen und Institutionen in dieser Form nicht leisten können. Medien schaffen Freiräume, sind Fenster zu unbekannten Welten und Ausdruck von Kultur und Historie, sowie ein Werkzeug, um sich eben diese anzueignen. Von Vorteil wäre es, Kompromisse zu finden, über Risiken aufzuklären und die Chance der Medien zu nutzen. Eine wesentliche Voraussetzung dafür ist, bereit zu sein, sich Wissen anzueignen und die Lebens- und Medienwelt von Kindern und Jugendlichen anzusehen. (vgl. Wegener 2016: 11f.)

Medien geben eine Orientierung und stellen Material zur Verfügung, um die eigene Identität zu erforschen. Mit ihren produzierten Inhalten transportieren sie Wissen, Einstellungen und Werte, die Jugendliche in ihrer Identitätsentwicklung vor dem Hintergrund ihrer Lebenskontexte aneignen und sich in diesem Prozess für oder gegen eine Übernahme entscheiden. Welche konkreten Inhalte sich Jugendliche aneignen, hängt von ihren sich ausbildenden Interessengefügen ab. Vorbilder haben in der Identitätsentwicklung immer eine Rolle eingenommen und bieten mit den

Medien eine größere Auswahl. Jugendliche identifizieren sich mit fiktiven Helden oder Personen aus Serien und Filmen, auch mit Musikstars oder Spielfiguren aus Computerspielen, womit es ihnen möglich ist, ein Probehandeln, also ein Durchspielen und Nachempfinden von Situationen in einem geschützten Raum, zu erleben. Die Bedeutung des äußeren Erscheinungsbildes wird mit den Medien, durch die schnelle Verbreitung von Trends und Mode, über Accessoires und der Besitz und das Zuschaustellen moderner Technik, auf eine neue Ebene gehoben. Bei Handys ist nicht nur die Funktionalität bedeutend, sondern die Optik, Marke und dessen Verbreitung. Mit den verschiedensten Handyhüllen und Klingeltönen können Jugendliche ihren persönlichen Stil zum Ausdruck bringen. Medien spezifizieren die Heranwachsenden und werden zum Kommunikationsmittel und Zeichen. Als Statussymbol können Medien aber auch gleichzeitig zu einer Ungleichheit und zu einem Ausschließen aus einer Gruppe führen. Für Heranwachsende sind Medien Erfahrungsraum und Orientierungsquelle, die Reflexionen über das Selbstkonzept, die aktuelle Erscheinung sowie das angestrebte Ideal anregen. (vgl. Tillmann, Fleischer 2014: 173-178)

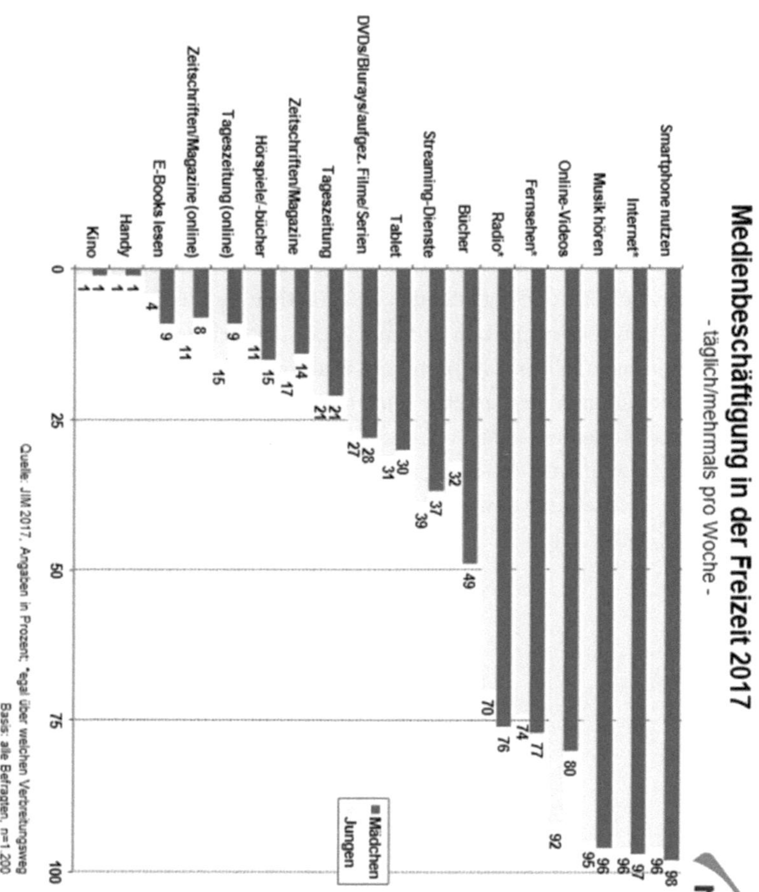

Abbildung 1: Statistik Medienbeschäftigung von Jugendlichen

Diese Grafik zeigt, dass die Mediennutzung in der Freizeit von Heranwachsenden eine große Rolle spielt und bei Mädchen und Jungen relativ ausgeglichen ist. Die Medien sind vor allem in der Lebensphase Jugend nicht mehr wegzudenken. Trotzdem gibt es Unterschiede was den Gebrauch und das Vorhandensein angeht. Zwischen den sieben jugendlichen Lebenswelten sollen diese Unterschiede aufgezeigt werden. Eine Lebenswelt ergibt sich aus der natürlichen Auseinandersetzung des Menschen mit der sozialen Umwelt. Der Mensch erfährt seine soziale Umwelt im Handeln vor dem Hintergrund seiner bisherigen Erfahrungen. Das Ergebnis dieser Erfahrung ist durch die bisherige Sozialisation, Personalisation und Kulturation des Erfahrenden geprägt. (vgl. Kraus 2006: 6)

Lebenswelt	Definition	Mediengebrauch
Konservativ-Bürgerliche	Familien- und heimatorientierte bodenständige Jugendliche mit Traditionsbewusstsein und Verantwortungsethik.	Der technologische Fortschritt wird skeptisch betrachtet. Moderne Technik und Kommunikation wird dennoch genutzt, da ein Mindestmaß an Medienkompetenz und -ausstattung Voraussetzung für soziale Teilhabe ist. Sie sind überlegt, abwartend und sicherheitsbetont.
Adaptiv-Pragmatische	Leistungs- und familienorientierter moderner Jugendlicher mit hoher Anpassungsbereitschaft.	Neue Medien sind ein selbstverständlicher Teil des Alltags. Sie sind nicht überfordert, sondern eignen sich die notwendigen Fähigkeiten in der Praxis an.
Prekäre	Jugendliche mit Bemühung um Orientierung und Teilhabe, da sie schwierige Startvoraussetzungen haben.	Der Schwerpunkt der Medienausstattung liegt im audiovisuellen Entertainmentbereich. Fernsehen ist das „Leitmedium" und jeder besitzt eines.
Materialistische Hedonisten	Freizeitorientierte Jugendliche, die zur Unterschicht gehören, aber ausgeprägte markenbewusste Konsumwünsche haben.	Das Handy ist Kommunikationszentrale und Statussymbol. Das ständige Austauschen, sowie das Aussehen des Handys ist von großer Bedeutung. Sie sind fast ausschließlich Konsumenten des Internets.
Experimentalistische Hedonisten	Spaß- und szeneorientierte Jugendliche mit dem Fokus auf das Leben im Hier und Jetzt.	Die Medien- und Technikaffinität ist durchschnittlich. Sie grenzen sich teilweise bewusst mit alten Handys o. Ä. ab.
Sozialökologische	Nachhaltigkeits- und gemeinwohlorientierte Jugendliche mit sozialkritischer Grundhaltung und Offenheit für alternative Lebensentwürfe.	Sie benutzen die Medien und besitzen fast alle technischen Geräte. Distanzieren tun sie sich von der ständigen Erreichbarkeit, da sie sich nicht von der Technik beherrschen lassen wollen.
Expeditive	Erfolgs- und lifestyle-orientierte Jugendliche auf der Suche nach neuen Grenzen und unkonventionellen Erfahrungen.	Der Alltag ist selbstverständlich digitalisiert und das Internet ist „überlebenswichtig".

Tabelle 2: Verschiedene Kategorien der Lebenswelten
(vgl. Thomas 2013: 40-76)

5.4 Jugendkultur Gaming

In Deutschland gehören etwa 20 % der Jugendlichen aktiv und engagiert einer Jugendkultur, wie Gamer, Cosplayer, Punks, Fußballfans usw., an. Auch wenn es Minderheiten sind, beeinflussen sie die Gleichaltrigen über Mode und Musik. Die übrigen rund 70 % der Jugendlichen orientieren sich an Jugendkulturen. Sie gehören dieser Jugendkultur nicht an, sympathisieren sich aber mit ihr und besuchen z. B. spezielle Veranstaltungen. Heutzutage existieren viele Jugendkulturen, die sich weiterentwickeln oder spalten, sodass es auf Außenstehende verwirrend wirkt. Durch diese zahlreichen Unterteilungen entsprechen die Personen nicht unseren visuellen Erwartungen, wie der komplett tätowierte Heavy-Metal-Fan, der ein normaler Bankangestellter ist. Jugendliche finden es gut nicht sofort in eine Kategorie eingeteilt werden zu können und anders zu sein. Trotz der Unterschiedlichkeit haben die Jugendkulturen eines gemeinsam: sie sind Konsumkulturen. Keiner möchte dieselben Produkte konsumieren wie der Rest der Welt, sondern sich durch die Art und Weise des Konsums abgrenzen. Durch Musik, Mode und Events haben Jugendkulturen ein zentrales Definitions- und Identifikationsmerkmal. Eine neue Jugendkultur zu „erfinden" geschieht manchmal unbewusst, indem nur eine Sache an Musik oder Mode verändert wird, um sich von den anderen abzugrenzen. Über die Medien, die darüber berichten, bekommen es andere Jugendliche mit und finden es großartig und machen es nach. Der Verbreitungsprozess nimmt immer mehr zu und die neue Jugendkultur wird populärer. Es sind Beziehungsnetzwerke die Jugendlichen eine soziale Heimat, eine Gemeinschaft der Gleichen bieten. Außerdem sind es künstliche Stämme und Solidargemeinschaften, deren Angehörige einander schon am Aussehen erkennen. Das Internet ist ein Platz enormer jugendkultureller Aktivitäten aller Altersklassen, wodurch Medienkompetenzen erworben werden. Jugendkulturen sind wichtig, da sich Jugendliche kreativ behaupten können, zu einer Gemeinschaft gehören und Selbstbewusstsein entwickeln oder weiter ausbauen. (vgl. Farin 2010: 1-4)

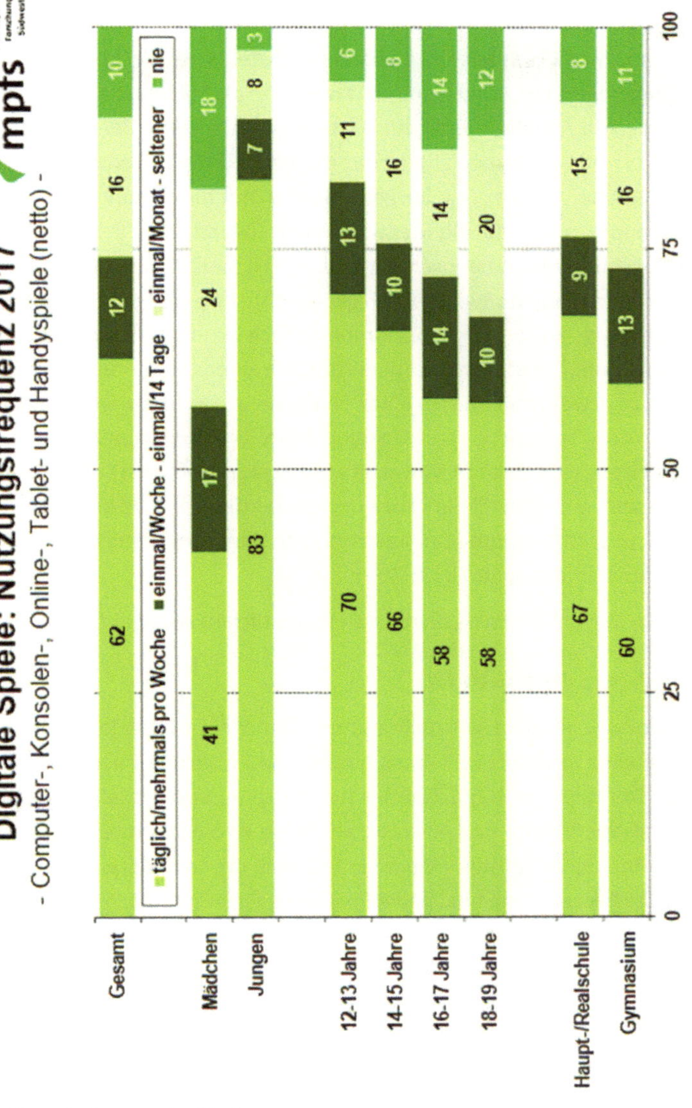

Abbildung 2: Nutzung der Medien

Games bzw. digitale Spiele sind für immer mehr Jugendliche eine selbstverständliche Freizeitbeschäftigung, wodurch sich auch eine eigene Jugendkultur entwickelt (hat). Insgesamt 62 % spielen täglich oder mehrmals die Woche Spiele an verschiedenen Eingabegeräten. Jungen spielen zwar öfter als Mädchen, trotzdem sind es bei ihnen immerhin fast die Hälfte, die kontinuierlich spielen. Bei den verschiedenen Altersstufen und Schultypen gibt es nur minimale Unterschiedene, wenn es um die häufige Nutzung digitaler Spieler geht. Games und die daraus resultierenden Online-Communities sind für die Identitätsarbeit Jugendlicher besonders wichtig, da sie den Anschluss und Austausch mit anderen suchen, sich in Clans (Gemeinschaften) organisieren und im Wettbewerb gegenseitig ihre Fähigkeiten messen können. Außerdem bewegen sie sich dabei hauptsächlich im englischsprachigen und internationalen Raum. Sie nutzen die Spiele, um sich zu positionieren, ihren Handlungsspielraum zu erweitern und sich einer neuen Gemeinschaft zugehörig zu fühlen. In MMORPG's oder Spielen wie CS:GO organisieren sich die Jugendlichen in Clans oder Teams, verständigen sich mit Voicesoftware (Sprachsoftware) über Headsets, trainieren gemeinsam, entwickeln arbeitsteilige Taktiken, lernen sich zu koordinieren und treten in Wettkämpfen und Ligen an. (vgl. Bundesministerium für Familie, Senioren, Frauen und Jugend 2017: 283)

Videospiele auf Online-Basis bieten den Jugendlichen sogar einiges mehr.

5.4.1 Förderung der Kreativität

Jugendliche beschäftigen sich nicht nur mit dem Spiel an sich in dem sie es spielen, sondern suchen in ihrer Freizeit nach nützlichen Informationen oder Neuigkeiten über und von dem Spiel. Ein Teil der Jugendlichen erstellt selbst inhaltsähnliche und informative Inhalte und gestaltet auf diese Weise das Internet produktiv mit. Sie stellen Bilder, Texte oder Videos ins Internet, um so anderen Spielern helfen zu können. Über Foren können sich die Spieler gegenseitig informieren oder spielbezogene Fragen stellen bzw. darauf antworten. Auch werden Verbesserungsvorschläge, z. B. zu Spielfiguren, eingebracht und diskutiert. Let's Play's sind eine andere Art des Informierens, da hier ein Spieler ein Video, oftmals live, über ein Spiel macht und darüber redet und viele Inhalte erklärt, während er nebenbei selbst das Spiel spielt. Spiele sind dabei der Ausgangspunkt sich Medieninhalte auf eine kreative und produktiv-gestaltende Weise anzueignen. (vgl. Schorb, Jünger 2013: 43f.)

5.4.2 Förderung des gemeinschaftlichen Spielens

Spielergemeinschaften zu organisieren hat in Online-Spielen eine wichtige Rolle. Die Jugendlichen kommen z. B. aus spielbezogenen Gründen, um sich u. a. gegenseitige Hilfestellungen zu geben. Oftmals können Quests (Aufgaben) nur in Gruppen gelöst werden, wodurch eine Gilde (Gemeinschaft) viele Vorteile bringt. Die Gruppenmitglieder verabreden sich über den Chat, um die Quest auch nach unzähligen Anläufen zu bewältigen. Mit dieser spielbezogenen Gruppendynamik ist oft ein erhöhter Zeitaufwand verbunden, in der die Gruppe zusammenhalten muss. In anderen Spielen wie CS:GO ist die Organisation in einem Clan von großem Vorteil, da durch längeres gemeinsames Spielen die Gruppe höhere Gewinnchancen hat, weil sie aufeinander abgestimmt ist. Neben den spielbezogenen Aspekten sind soziale Gründe ein wichtiger Anreiz in Clans und Gilden zu spielen. Es finden weit über die Online-Spiele hinaus soziale Interaktionen statt. Freundschaften und Anteilnahme an privaten Problemen gehören dabei zum Alltag. Gerade die Verknüpfung von spielstrategischen Aspekten mit sozialen Motiven, führt zu einer Organisation in Clans und Gilden und einer intensiven zeitlichen Beschäftigung damit. Die Vorurteile, dass Online-Spieler von der „Außenwelt" isoliert sind, entsprechen damit nicht der Wirklichkeit. Durch die gemeinschaftsstiftende Funktion können sich Gleichgesinnte in der virtuellen Welt zusammenfinden und miteinander spielen und gemeinsam Aufgaben bewältigen. Das Agieren in einer Gemeinschaft, das gemeinsame Planen sowie die Verteilung und Übernahme individueller Aufgaben, lässt die Jugendlichen ihre eigene Rolle in Auseinandersetzung mit anderen Spielern der Gruppe einnehmen. Dieser Prozess ist im Hinblick auf die Arbeit an der sozialen Identität von wichtiger Bedeutung. (vgl. Schorb, Jünger 2013: 54-57)

5.4.3 Förderung der Englischkenntnisse

Inzwischen hat sich Englisch zur dominierenden Sprache entwickelt. Aus diesem Grund lässt sich die deutsche von der internationalen Szene kaum noch trennen. Selbst erstellte Hilfeseiten von Spielenden z. B. Guides, sind auf Englisch. Außerdem werden deutschsprachige Websites oder Veranstaltungen nicht in gleicher Weise wahrgenommen und genutzt wie englischsprachige. In Foren oder Chats von dem Spiel ist die dominierende Sprache Englisch, da sie jeder verstehen und dadurch kommuniziert werden kann. Jugendliche müssen sich deshalb freiwillig oder zwanghaft mit der ganzen Bandbreite (Grammatik, Vokabeln, Leseverständnis usw.) des Englischem auseinandersetzen. Die deutschen Spieler konzentrieren sich stärker auf Web-Plattformen im internationalen Raum, weil die Vernetzung und der Wissensaustausch eine ganz andere Dimension aufweisen. Spieler aus der ganzen Welt können somit ihre Informationen teilen und erweitern. (vgl. Bundesministerium für Familie, Senioren, Frauen und Jugend 2017: 283f.)

Je nach Interesse, Kompetenzen, Ressourcen und Vorerfahrungen wenden sich die Spieler unterschiedlichen Genres und Aktivitäten zu. Im Zuge der technologischen Entwicklung hat sich die Spielkultur zunehmend ausdifferenziert, professionalisiert und kommerzialisiert. Durch die Organisation in Clans, Gilden und Teams etablieren sich immer mehr Orte des kompetitiven Wettbewerbs und werden von Unternehmen zu großen Veranstaltungen ausgebaut. Der eSport stellt ein lukratives Berufsfeld dar, über welches sich einige Jugendliche ihre Ausbildung finanzieren. (vgl. Bundesministerium für Familie, Senioren, Frauen und Jugend 2017: 284)

Der eSport, genauso wie das Gaming an sich, hat auf alle Altersstufen einen Reiz. Besonders aber auf Jugendliche, denn sie finden den Wettkampf sehr herausfordernd und haben Spaß am Spielen. Außerdem sehen sie durch die professionellen eSportler, dass sie damit erfolgreich Geld verdienen könnten. Die Influencer (Beeinflusser) von YouTube, Twitch und Co. haben ebenso einen Einfluss auf die Jugendlichen und eine Vorbildfunktion, derer sie nachkommen müssen. In ihrer Identitätsentwicklung und Findungsphase trägt der Sport an sich oder eben der eSport zu ihrer Persönlichkeit bei und selbst Jugendliche aus schlechteren Verhältnissen merken, dass sie mit ihrer Spielfigur etwas leisten können und Erfolgserlebnisse haben. eSport achtet nicht auf den sozialen Status oder besondere körperliche Fähigkeiten. Somit schafft er mehr als andere Sportarten, physische Beschränkungen aufzuheben, wodurch eine breitere Masse angesprochen wird. Mit einer Spielfigur können Jugendliche sein wer sie wollen, unabhängig vom Geschlecht oder der Sexualität. Sie können aus ihren Rollen herausgehen und trotzdem eine sportliche Leistung erbringen. Mittlerweile gibt es extra für den eSport eine Dualausbildung von der ad hoc Gaming GmbH, in der berufliche Maßnahmen mit semi-professionellem Spielen verbunden werden. Die Auszubildenden arbeiten für ein paar Stunden in einer Trägerfirmer der Marketingabteilung und gehen danach trainieren. Jugendliche können Aufstiegsgedanken entwickeln und haben ein Ziel, welches sie erreichen möchten, denn wenn sie sich hart genug anstrengen und Leistungen erbringen, könnten sie der nächste Profi-eSportler sein. Der Spaß kommt aber nicht zu kurz. Eine andere Möglichkeit, ein Profi zu werden, außer sich in einer Liga hochzuspielen, ist wenn der Jugendliche über z. B. Twitch einen Stream startet und sein gewähltes Spiel spielt.

Er muss dabei die Zuschauer mit seinem Können überzeugen und eine gewisse Sympathie haben (nicht viele schaffen es über diesen Weg). Jugendliche, die e-Sportler werden, bekommen eine gewisse Wertigkeit, da sie gut in ihrem Spiel sind. Zudem wird die Gesellschaft auf die eSportler aufmerksam und diese werden wahrgenommen und gehört. (vgl. J., H. 2018)

6 Soziale Arbeit

Im kommenden Kapitel soll die Soziale Arbeit näher erläutert werden. Außerdem wird auf die offene Jugendarbeit eingegangen und Anknüpfungspunkte des eSport in den Bereich diskutiert.

6.1 Definition Soziale Arbeit

„Soziale Arbeit fördert als praxisorientierte [1] Profession und wissenschaftliche Disziplin gesellschaftliche Veränderungen, soziale Entwicklungen und den sozialen Zusammenhalt sowie die Stärkung der Autonomie und Selbstbestimmung [2] von Menschen. Die Prinzipien sozialer Gerechtigkeit, die Menschenrechte, die gemeinsame Verantwortung und die Achtung der Vielfalt [3] bilden die Grundlage der Sozialen Arbeit. Dabei stützt sie sich auf Theorien der Sozialen Arbeit [4], der Human- und Sozialwissenschaften und auf indigenes Wissen [5]. Soziale Arbeit befähigt und ermutigt Menschen so, dass sie die Herausforderungen des Lebens bewältigen und das Wohlergehen verbessern, dabei bindet sie Strukturen ein *[6]*." (DBSH 2016: 2)

Zu den Nummerierungen: [1] im deutschen Verständnis als handlungsorientierte Profession, [2] Selbstbestimmung von Menschen, [3] der Begriff der Vielfalt umfasst auch Heterogenität, [4] beinhaltet empirisches Wissen, [5] stützt sich auf reflektiertes Erfahrungswissen beruflich-biografischer Praxen und kulturelles Kontextwissen und [6] Soziale Arbeit greift dort ein, wo Menschen mit ihrer Umwelt in Interaktion treten. (vgl. DBSH 2016: 2)

Zentrale Aufgaben der sozialen Arbeit sind den sozialen Wandel, die soziale Entwicklung und den sozialen Zusammenhalt, zu fördern. Die soziale Arbeit ist ein eher praktischer Beruf mit einer wissenschaftlichen Disziplin, wo davon ausgegangen wird, dass verschiedene Faktoren dem Menschen Chancen bieten oder Hindernisse darstellen.

Die strukturellen Hindernisse wie Diskriminierung, Ausbeutung und Unterdrückung tragen zu einer Verfestigung von Ungleichheiten bei. Die Entwicklung eines kritischen Bewusstseins zur Beseitigung struktureller und persönlicher Hindernisse ist für die Praxis unverzichtbar, da das Ziel die Stärkung und Befreiung des Menschen ist.

Die soziale Arbeit zielt auf die Bekämpfung der Arbeit, die Befreiung von Schutzlosen und Unterdrückten und die Förderung der sozialen Eingliederung von Benachteiligten in den sozialen Zusammenhalt ab.

Soziale Arbeit greift dort ein, wo die aktuelle Situation eines Menschen, Veränderung und Entwicklung bedarf. (vgl. DBSH 2014: 1)

6.2 Offene Jugendarbeit

Die allgemeine Kinder- und Jugendarbeit ist das dritte Feld von Erziehung und Bildung, neben der Familie und Institutionen wie der Schule. Rechtlich verankert sind die Aufgaben in den §11 und §12 des SGB VIII. Die Zielgruppe richtet sich an alle Kinder und Jugendliche bis 27 Jahre. Die Ziele der Arbeit sind, dass Kinder und Jugendliche eine eigenverantwortliche Selbstbestimmung und gesellschaftliche Mitverantwortung erlangen. (vgl. Thole 2012: 469) Das Arbeitsfeld Jugendarbeit beinhaltet zwei wesentliche Bereiche, die öffentlich-kommunale- und Verbandsjugendarbeit. Die offene Jugendarbeit ist durch eine nicht Mitgliedschaft gekennzeichnet und schließt die freiwillige Teilnahme ihrer Adressaten durch hauptamtliches sozialpädagogisches Personal mit ein. (vgl. Otto 2015: 738) Zusätzlich enthält die offene Jugendarbeit eine Interessenorientierung, ein Verzicht auf inhaltliche Lehrpläne und Leistungsanforderungen sowie Partizipation. Zu den Einrichtungsformen gehören offene Jugendhäuser und -treffs, Jugendgruppen, themenbezogene Angebote wie Kulturzentren oder Abenteuerspielplätze und zielgruppenbezogene Angebote für Mädchen und Jungen oder Jugendliche mit Migrationshintergrund. (vgl. Thole 2012: 469)

Handlungsorientierte offene Jugendarbeit braucht Beziehungen und Orte mittels derer Jugendliche Themen einbringen und reflektieren können. Das Aneignungskonzept bietet sinnvolle Anknüpfungspunkte, wodurch Jugendliche sich mit einer eigentätigen experimentellen Auseinandersetzung mit ihrer Umwelt auseinandersetzen. Es bezieht sich auf zwei Dimensionen, auf das sozialräumliche Umfeld von Jugendlichen und seine eigene Kultur und auf den Ort der Jugendarbeit als besonderen Lernort. Offene Jugendarbeit bekommt so die Aufgabe geschützte Räume des Ausprobierens zu schaffen und Aneignungen zu ermöglichen. Gleichzeitig muss eine Lebensweltanalyse von Jugendlichen durchgeführt werden. Durch die bestehenden Sozialraumanalysen und Sozialstrukturen ist es möglich, die subjektive Wahrnehmung des Sozialraums zu berücksichtigen. Eine Weiterentwicklung und Angebotsplanung auf die spezifischen Lebenswelten kann somit erstellt werden. Der heutige Fokus der Lebensweltanalysen von Jugendlichen fällt auf die virtuellen Räume z. B. digitale Spiele. (vgl. Steffens, Clemenz 2015: 7f.)

6.3 Anknüpfungspunkte des eSports

Zunächst sollen erst einmal die Ergebnisse dieser Arbeit vorgestellt werden:

eSport fördert die Alltagsstrukturen von angehenden Pro-Gamern und eSportlern, weil sie sich an Regeln halten müssen. Jugendliche, die diesen Traum haben oder ihn schon leben, müssen nebenbei zur Schule gehen und ihren Abschluss machen, damit sie nach einer Karriere etwas vorweisen und ins Arbeitsleben einsteigen können. Nach einem Schultag geht es dann erst einmal zu dem Training. eSportler, die in Gaming-Häusern zusammen leben, haben einen geregelten und strukturierten Alltag. Sie stehen zu einer bestimmten Uhrzeit auf, haben einen Zeitraum zum Frühstücken und für die Hygiene, gehen danach trainieren, essen zu Mittag, trainieren weiter, haben Freizeit, essen zu Abendbrot und müssen zu einer bestimmten Uhrzeit schlafen. Je nachdem, ob sie vor einem Wettkampf stehen, ändert sich natürlich die Intensität des Trainings. Außerdem müssen sie an einigen Tagen in der Woche anderen Sport als Ausgleich nachgehen.

eSport fördert die Teamfähigkeit der Jugendlichen, da der größte Teil der eSport-Spiele nur in Teams gespielt werden kann. Sie lernen sich miteinander abzusprechen und aufeinander einzugehen. Jeder hat im Team seine eigene Rolle und spielt auf einer bestimmten Position. Bei blitzschnellen Änderungen im Spielgeschehen muss sich jeder auf den anderen verlassen können. Wenn eine Strategie nicht aufgeht oder der Gegner auf einmal eine andere benutzt, sollte die Kommunikation untereinander reibungslos verlaufen, um aufeinander einzugehen. Dies fördert zusätzlich das strategische Denken, weil die eSportler viele verschiedene Strategien auswendig können müssen, sowie Stärken und Schwächen der unterschiedlichen Waffen, Charakter, Gegner etc. Dieses Wissen innerhalb von wenigen Millisekunden abrufen zu können, bedarf einer Menge Übung.

eSport fördert die kognitiven Fähigkeiten der Jugendlichen. Durch dauerhafte Übung am PC oder der Konsole, entwickeln eSportler eine sehr schnelle Reaktionsgeschwindigkeit und können dadurch bis zu 400 Fingerbewegungen in der Minute schaffen. Zudem ist die Hand-Auge-Koordination besser und trainierter, wodurch sie auf Veränderungen schneller reagieren können.

Die Konzentrationsfähigkeit wird vom eSport gefördert, da sich die eSportler teils über mehrere Stunden auf eine Sache oder das ganze Spielgeschehen konzentrieren müssen. Eine Wettkampfrunde bei LOL kann bis zu drei Stunden ohne Pause gehen, in dieser Zeit sind die eSportler sehr angespannt und hochkonzentriert, denn jeder kleine Fehler kann eine Niederlage bedeuten. Wenn ein Turnier verloren wird, was zu jedem Spiel dazu gehört, lernen die Jugendlichen den Umgang mit dem Verlieren. Jeder entwickelt mit oder ohne Unterstützung seine eigene Strategie, um mit der Niederlage umgehen zu können. Unter anderem wird mit einem verlorenen Match bewusst, wo die eigenen Fehler waren und wie diese das nächste Mal verhindert werden können. Durch eine Niederlage werden die Fähigkeiten besser. Kommt es zu einem Streit im Team, z. B. durch einem verlorenen Spiel, lernen die Jugendlichen diese Konflikte zu bewältigen. Oftmals klären die Spieler es unter sich, indem sie miteinander reden. Sollte dies nicht funktionieren, gibt es immer noch den Trainer oder sogar Sportpsychologen, der den eSportlern Strategien und Bewältigungsmuster beibringt oder anhand dieser, den Konflikt löst.

eSport fördert die Anpassungsfähigkeit der Jugendlichen. Das bedeutet, dass sie sich auf neue Situationen schneller und besser einstellen können. In noch nicht professionellen Teams können die Spieler schnell wechseln und es muss sich auf die neuen Teammitglieder erst eingestellt werden. Aber auch die Spiele an sich, vor allem LOL, ändern ständig etwas an den Charakteren, Waffen etc. Die eSportler haben dann nur wenig Zeit, um mit den Erneuerungen umgehen zu können.

Da die Spiele und dadurch auch die Teams sehr international sind, lernen die Jugendlichen gewollt oder nicht andere Sprachen kennen. Bei eSport-Spielen wird fast ausschließlich auf Englisch kommuniziert. Die Spieler müssen sich damit auseinandersetzen, um sich mit ihrem Teammitgliedern abzusprechen.

Der Leistungsdruck ist im eSport allgegenwärtig und die Jugendlichen müssen lernen mit ihm umzugehen. eSportler sind dem Druck von Sponsoren, Fans, vom Trainer, Team und natürlich von einem selbst ausgesetzt und auch hier eignen sie sich Strategien an, um nicht daran zu zerbrechen. Sie wissen wie viel Geld bei einem Turnier im Spiel ist, wie viel gewonnen werden kann, wie viel vom Sponsoring abhängig ist, wie viel der Veranstalter investiert hat usw. Der Umgang mit dem Geld wird den Jugendlichen direkt oder indirekt beigebracht. Zusätzlich lernen sie mit ihren Gewinnen bestmöglich umzugehen.

All diese Förderungen machen die Jugendlichen leistungsfähiger. Sie lernen ihre Grenzen kennen, wie sie ihren Horizont erweitern und in Stresssituationen einen kühlen Kopf bewahren.

Die Soziale Arbeit kann von dem eSport profitieren. Es gäbe einige Ansätze, um Jugendliche zu fördern und ihnen wieder etwas näherzukommen. Die Digitalisierung darf nicht als etwas Negatives betrachtet werden, sondern als eine Bereicherung, damit neue Ansätze geschaffen und auf Jugendliche eingegangen werden kann. In vielen Publikationen, Büchern und Artikeln, die im Rahmen dieser Arbeit gelesen wurden, sind Computer- und Videospiele etwas Schlechtes oder sogar Böses. Die Kinder und Jugendliche sollen lieber hinaus in die Natur gehen, um dort pädagogisch wertvolle Erfahrungen für das Leben zu sammeln. Das funktioniert heutzutage teilweise nicht mehr, es könnte einfacher sein, wenn das Handy mit eingebunden wird, wie z. B. bei Pokémon GO. Mit solchen Apps könnten Städte, Landschaften, Museen usw. erkundet werden und es würden mehr Kinder und Jugendliche mitmachen. Der eSport könnte beispielsweise jugendliche Schulschwänzer fördern. Wenn diese sich für den eSport interessieren, wäre es eine Möglichkeit, ein Projekt anzufangen, in dem sie einen geregelten Tagesablauf wieder erlernen und zum Schulbesuch motiviert werden, um Nachmittags mit ihrem Team trainieren zu können. Unter anderem wäre es möglich, dass sie an Turnieren teilnehmen und dadurch ein Ziel im Leben bekommen.

Zum Thema eSport konnten einige qualitativ hochwertige und aktuelle Bücher und Publikationen gefunden werden. Dennoch war es sehr schwierig bis fast unmöglich etwas über eSport und Soziale Arbeit zu finden. eSport an sich ist schon seit den 2000er Jahren ein Thema, aber im Zusammenhang mit sozialer Arbeit wären dort viele Möglichkeiten zum Forschen. Es müsste in der sozialen Arbeit nur einen Umbruch oder ein Umdenken geben, für eine Integration neuer Medien und des e-Sports.

Die Erwartungen über den eSport und seine Chancen und Möglichkeiten zu schreiben, aufzuklären und eventuelle Missverständnisse zu widerlegen, konnten mit dieser Arbeit in einem gewissen Rahmen erfolgen. Dennoch wären es explizitere Ergebnisse geworden, hätte mehr Literatur existiert und würde sich die Politik und der DOSB dem Thema mehr öffnen.

Damit die Frage der Arbeit noch besser beantwortet werden kann, müssten Forschungen zu eSportlern, sowie zu Hobby-Gamern erfolgen. Durch mehr Aufklärung und Verständnis für Computer- und Videospiele und deren Konsumenten würden sich einige neue Möglichkeiten eröffnen. Die positiven Erfahrungen und Leistungsverbesserungen, die durch das Spielen entstehen, würden so in den Vordergrund rücken. Außerdem wäre es eine Chance für die Soziale Arbeit, ein neues Berufsfeld mit Fokus auf die Digitalisierung und dem Gaming zu entwickeln. Da die neuen Generationen von Sozialarbeitern meist schon mit den neuen Medien aufgewachsen sind, gäbe es auch qualifiziertes Personal.

Eine Empfehlung für weitere Forschungen wäre, die positiven Möglichkeiten des eSport und dem Gaming auf die Jugendlichen zu untersuchen und wie sie die erlernten Fähigkeiten in ihren Alltag übertragen oder sogar für das spätere Berufsleben nutzen können.

7 Resümee

In dieser Arbeit wurde untersucht, inwiefern der eSport eine Bereicherung für die Soziale Arbeit werden kann. Es wurde verschiedene Literatur herangezogen und ausgewertet, wie Bücher, Dokumentationen, Artikel usw. Außerdem konnte ein Interview mit zwei Experten neue Erkenntnisse bringen.

Die Ergebnisse zeigen, dass der eSport definitiv eine Bereicherung für die Soziale Arbeit werden kann. Der eSport genauso wie das Gaming gehören zur Lebensgestaltung und Kultur von Jugendlichen. Mit einem besseren Verständnis seitens der sozialen Arbeit, könnte ein neuer Bereich für Sozialarbeiter entstehen. Die neuen Generationen sind mit den neuen Medien aufgewachsen und haben eine andere Sichtweise auf das Thema Computer- und Videospiele. Durch die Schnelllebigkeit unserer Gesellschaft und der Entwicklung neuer Möglichkeiten mit den Medien, sollte sich auch die Soziale Arbeit weiterentwickeln und diese Chance nutzen. Eine Chance noch einmal einen anderen Ansatz zu finden, um besser die heutige Jugend zu verstehen und was diese ausmacht. Der eSport zeigt, dass Computer- und Videospiele nicht böse sind und keine bösen Menschen entstehen, nur weil sie Spiele spielen. Im Gegenteil vermittelt er, dass nur mit Fleiß und Disziplin die Möglichkeit besteht, ein Profi-Gamer zu werden. Zusammenhalt, Teamfähigkeit, Verlässlichkeit, zusammen gewinnen und verlieren können, sind nur einige Werte, die Jugendliche durch den eSport lernen.

Der eSport hätte Deutschland und auch diese Arbeit mehr bereichern können, wenn die Regierung und vor allem der DOSB diesem Thema offener gegenübertreten würden. Anhand von Südkorea wurde geschildert, dass der eSport dort seit 20 Jahren anerkannt ist und einen positiven Einfluss auf die Gesellschaft hat. Während eSportler in Deutschland nur belächelt werden, dürfen sie in Südkorea das Olympische Feuer tragen. Nach und nach erkennen viele europäische Staaten eSport als Sport an und profitieren davon. Der DOSB hält sich an eine Definition von Sport, die nirgends richtig festgelegt wurde und merkt dadurch nicht, welche Leistungen eSportler erbringen müssen. Des Weiteren überwindet eSport Barrieren und kann körperlich behinderten Menschen eine Chance geben. Ein Umdenken ihrerseits wäre angebracht, da die Zeit nicht stehen bleibt.

Durch die nicht ausreichend vorhandene Literatur, konnten einige Gesichtspunkte nicht genügend behandelt werden. Die wenigen bis keine Studien haben es zusätzlich schwerer gemacht, an konkrete Zahlen und Daten zu gelangen. eSport ist für viele nur ein Phänomen und wird nicht ernst genommen. Die Ergebnisse dieser

Arbeit versuchen die Ansichten der sozialen Arbeit zu verändern und auch die positiven Aspekte von Computer- und Videospielen hervorzuheben. Es wird eine Chance geboten, die ergriffen werden sollte.

Für die Zukunft sollte das Interesse von Jugendlichen an Medien und Spielen mehr ernstgenommen werden. Das Verständnis für dieses Hobby und welche leidenschaftliche Zeitinvestition dahintersteckt, darf nicht unbeachtet gelassen werden. Eine Untersuchung und Begleitung von Jugendlichen, die eine eSport-Karriere anstreben, mit allen Höhen und Tiefen, kann neue Erkenntnisse bringen. Außerdem müssten Nachforschungen angestellt werden, um die angehäuften negativen Aspekte und Vorurteile gegenüber Computer- und Videospielen und deren Spielern zu widerlegen. Das Interesse an dem eSport wird weiterwachsen und immer mehr Menschen begeistern.

Der eSport ist in unserer heutigen Leistungsgesellschaft eine schöne Art, Spaß an der Arbeit zu haben.

Literaturverzeichnis

Au, Caspar von (2018): PLAY. Hamburg: Carlsen Verlag. S. 8-88

Berlin Divercity (2006): Die Jugendphase. URL http://www.berlin-divercity.de/diwiki/images/1/11/Die_Jugendphase-de.pdf Stand 20.12.18. S. 1f.

Blizzard (2018): BlizzCon. URL https://blizzcon.com/de-de/ Stand 02.10.18

Breuer, Markus (2012): E-Sport – Perspektiven aus Wissenschaft und Wirtschaft. Glückstadt: Verlag Werner Hülsbach. S. 104ff.

Bundesministerium für Familie, Senioren, Frauen und Jugend (2017): 15. Kinder- und Jugendbericht. URL https://www.bmfsfj.de/blob/115438/d7ed644e1b7fac4f9266191459903c62/15-kinder-und-jugendbericht-bundestagsdrucksache-data.pdf Stand 12.12.18. S. 283f.

Bundesverband Interaktive Unterhaltungssoftware (2017): BIU Fokus: eSports. Aus der Nische ins Stadion. In: eSports.BIU. S. 30f.

DBSH (2014): Kommentar zur „Global Definition of Social Work". URL https://www.dbsh.de/fileadmin/downloads/2014_DBSH_Dt_%C3%9Cbersetzung_Kommentar_Def_SozArbeit_02.pdf Stand 22.12.18. S. 1

DBSH (2016): Deutschsprachige Definition Sozialer Arbeit des Fachbereichstag Soziale Arbeit und DBSH. URL https://www.dbsh.de/fileadmin/downloads/20161114_Dt_Def_Sozialer_Arbeit_FBTS_DBSH_02.pdf Stand 22.12.18. S. 2

Deloitte (2016): Let's Play!. Der deutsche eSports-Markt in der Analyse. In: eSports.BIU. S. 7-10

Deutscher Bundestag (2017): Sachstand, Ist E-Sport Sport? Stand der Diskussion. URL https://www.bundestag.de/blob/515426/c2a9373a582f7908c090a658fdff1af8/wd-10-036-17-pdf-data.pdf Stand 25.10.18

Deutscher Bundestag (2018): Antwort der Bundesregierung. URL http://dip21.bundestag.de/dip21/btd/19/040/1904060.pdf Stand 26.10.19. S. 11ff.

Deutscher Olympischer Sportbund (2014): Aufnahmeordnung des DOSB. URL http://www.dosb.de/fileadmin/sharepoint/DOSB-Dokumente%20%7B96E58B18-5B8A-4AA1-98BB-199E8E1DC07C%7D/Aufnahmeordnung.pdf Stand 25.02.18. S. 2 f.

Deutscher Olympischer Sportbund (2018): DOSB und ESPORT. URL https://www.dosb.de/ueber-uns/esport/ Stand 20.12.18

Deutscher Olympischer Sportbund (2018): Pressemitteilung. URL https://newsletter.dosb.de/pressemitteilung/archiv/2018/pressemitteilungesport/ Stand 15.12.18

Dictionary (2019): Gaming. URL https://www.dictionary.com/browse/gaming Stand 10.01.19

Diepold, Barbara (1989): Ich-Identität bei Kindern und Jugendlichen. URL http://www.diepold.de/barbara/ich_identitaet.pdf Stand 19.12.18. S. 13

ESBD (2018): Über den ESBD. URL https://esportbund.de/verband/ueber-den-esbd/ Stand 10.01.19

ESL (2018): ESL Play. URL https://play.eslgaming.com/germany Stand 08.01.19

Farin, Klaus (2010): Jugendkulturen heute – Essay. URL http://www.bpb.de/apuz/32643/jugendkulturen-heute-essay Stand 10.01.19. S. 1-4

Hahn, Sabine (2017): Gender und Gaming. Bielefeld: transcript Verlag. S. 13

Hurrelmann, Klaus (2000): Die 10- bis 15-jährigen – eine unbekannte Zielgruppe?. URL http://www.br-online.de/jugend/izi/text/hurrel.htm Stand 18.12.18

Hurrelmann, Klaus (o. J.): Schwindende Kindheit – Expandierende Jugendzeit. URL http://www.ge-eiserfeld.de/AAblage/Lernpfade/paedagogik/lernpfade-paedagogik/hurrelmann/Vortrag_Klaus_%20Hurrelmann_Preisverleihung.pdf Stand 04.01.19. S. 2-7

Hurrelmann, Klaus; Quenzel, Gudrun (2016): Lebensphase Jugend, Eine Einführung in die sozialwissenschaftliche Jugendforschung (13. Auflage). Weinheim Basel: Beltz Juventa. S. 24-28

J.; H. (2018): Experteninterview am 17.08.18 im SAE Institute, Berlin

Kraus, Björn (2006): Lebenswelt und Lebensweltorientierung. Eine begriffliche Revision als Angebot an eine systemisch-konstruktivistische Sozialarbeitswissenschaft. URL https://www.pedocs.de/volltexte/2016/12387/pdf/Kontext_2006_2_Kraus_Lebenswelt.pdf Stand 21.12.18. S. 6

Kruse, Kathleen (2014): Lebensphase Jugend. URL http://digibib.hs-nb.de/file/dbhsnb_derivate_0000001633/Masterarbeit-Kruse-2013.pdf Stand 20.11.18 S. 4-6

Onmeda (2019): Ritalin. URL https://www.onmeda.de/Medikament/Ritalin+10+mg--nebenwirkungen+wechselwirkungen.html Stand 10.10.18

Otto, Hans-Uwe; Thiersch, Hans (Hrsg.) (2015): Handbuch Soziale Arbeit. München: Ernst Reinhardt, GmbH & Co KG, Verlag. S. 738

Raithel, Jürgen (2011): Jugendliches Risikoverhalten (2. Auflage). Wiesbaden: VS Verlag für Sozialwissenschaften. S. 14f.

Romanowsky, Max (2013): Computerspielsucht Chancen und Risiken von Online Rollenspiele Sowie Interventionsmöglichkeiten der Sozialen Arbeit. URL http://digibib.hs-nb.de/file/dbhsnb_derivate_0000001457/Bachelorarbeit-Romanowsky-2013.pdf Stand 28.02.18. S. 9

Schöber, Timo (2018): Bildschirmathleten. Norderstedt: BoD – Books on Demand. S. 144ff., 302f.

Schorb, Bernd; Jünger, Nadine; Rakebrand, Thomas (Hrsg.) (2013): Die Aneignung konvergenter Medienwelten durch Jugendliche. Berlin: VISTAS Verlag. S. 43f., 54-57

Schulz, Sven Christian (2018): Koffein: Wirkung, Nebenwirkungen. URL https://utopia.de/ratgeber/koffein-wirkung-nebenwirkung-und-was-du-sonst-noch-wissen-solltest/ Stand 10.10.18

Steffens, Birgit; Clemenz, Frank (2015): Wissenschaftliche Begleitevaluation des Projektes „Café Maggie" des Trägers Gangway e.V., Team Lichtenberg. S. 7f.

Thole, Werner (Hrsg.) (2012): Grundriss Soziale Arbeit, Ein einführendes Handbuch. Wiesbaden: VS Verlag für Sozialwissenschaften. S. 469

Thomas, Peter Martin; Calmbach, Marc (Hrsg.) (2013): Jugendliche Lebenswelten Perspektiven für Politik, Pädagogik und Gesellschaft. Heidelberg: Springer-Verlag. S. 40-76

Tillmann, Angela; Fleischer, Sandra; Hugger, Kai-Uwe (Hrsg.) (2014): Handbuch Kinder und Medien. Wiesbaden: Springer VS. S. 173-178

Uni-Heidelberg (o. J.): Identität. URL http://archiv.ub.uni-heidelberg.de/volltextserver/7789/18/9_Identitaet.pdf Stand 19.12.18. S. 162ff.

Wegener, Claudia (2016): Aufwachsen mit Medien. Wiesbaden: Springer VS. S. 7-12

Werdenich, Gudrun (2010): PC bang, E-Sport und der Zauber von Starcraft. Boizenburg: Verlag Werner Hülsbusch. S. 29-99

Weiterführende Literatur ohne Bezug auf die Bachelorarbeit

Biermann, Holger; Weißmantel, Heinz; TU Darmstadt (Hrsg.) (2003): Altersbedingte Beeinträchtigungen. URL http://www.emk.tu-darmstadt.de/~weissmantel/sensi/kap4.pdf Stand 25.02.18.

Cierpka, Alexander; Häussler, Tom (2016): eSport-vom Schmuddelkind zum Shootingstar / Sportschau. Video, veröff. bei YouTube am 12.11.2016, URL https://www.youtube.com/watch?v=e_hnbH6Dt-g Stand 21.02.18.

Frölich, Jan; Lehmkuhl, Gerd (2012): Computer und Internet erobern die Kindheit. Stuttgart: Schattauer GmbH.

Gonser, Matthias (2015): E-Sport Meisterschaft in Polen / Galileo / ProSieben. Video, veröff. bei YouTube am 21.08.2015, URL https://www.youtube.com/watch?v=d3-EWorOTL4 Stand 21.02.18.

Hudemann, Steffen (2017): E-Sport – Das Leben der Profi-Computerspieler in Taiwan / Y-Kollektiv Dokumentation. Video, veröff. bei YouTube am 26.09.2017, URL https://www.youtube.com/watch?v=FHVYQ3-xdjw Stand 26.02.18.

Mansier, Alex; League of Legends (Hrsg.) (2015): Die überraschende esports-Kultur Südkoreas. URL https://euw.leagueoflegends.com/de/news/esports/esports-editorial/die-uberraschende-esports-kultur-sudkoreas Stand 26.02.18.

Müller, Kai W.; Wölfling, Klaus; Bilke-Hentsch, Oliver (Hrsg.), Gouzoulis-May-
frank; Euphrosyne (Hrsg.); Klein, Michael (Hrsg.) (2017): Pathologischer
Mediengebrauch und Internetsucht. Stuttgart: W. Kohlhammer GmbH.

Tretter, Felix (2017): Sucht Gehirn Gesellschaft. Berlin: Medizinisch Wissenschaftliche Verlagsgesellschaft.

Vogt, L.; Neumann, A. (Hrsg.) (2007): Sport in der Prävention, Handbuch für
Übungsleiter, Sportlehrer, Physiotherapeuten und Trainer (2. Auflage).
Köln: Deutscher Ärzte - Verlag GmbH.

Bildquellen

Abbildung 1: JIM 2017: Medienbeschäftigung in der Freizeit. URL
http://www.mpfs.de/filead-
min/files/Studien/JIM/2017/JIM_17_Charts_Broschuere_Bilddateien.pdf
Stand 05.11.18

Abbildung 2: JIM 2017: Digitale Spiele: Nutzungsfrequenz. URL
http://www.mpfs.de/filead-
min/files/Studien/JIM/2017/JIM_17_Charts_Broschuere_Bilddateien.pdf
Stand 05.11.18

Tabelle 1: Entwicklungsaufgaben auf die Dimensionen übertragen. Eigene Darstellung

Tabelle 2: Verschiedene Kategorien der Lebenswelten. Eigene Darstellung

Anhänge

Auszug aus der PDF-Datei, Wissenschaftliche Begleitevaluation des Projektes „Café Maggie" des Trägers Gangway e.V., Team Lichtenberg. S. 7f., als Literaturbeleg.

Im Folgenden werden relevante Handlungsansätze dargestellt, die diese Themen handlungsorientiert in der offenen Jugendarbeit aufgreifen.

Jugendarbeit braucht, um derartige informelle Bildungsprozesse zu initiieren, Beziehungen und Orte, mittels derer Jugendliche Themen einbringen und reflektieren können. Hier bietet das Aneignungskonzept sinnvolle Anknüpfungspunkte (vgl. u.a. Böhnisch/Münchmeier (1993); Deinet/Reutlinger (2004))

Das Konzept der Aneignung, d. h. die experimentelle eigentätige Auseinandersetzung Jugendlicher mit ihrer Umwelt und der damit verbundene (Selbst-)Kompetenzgewinn, bezieht sich auf zwei Dimensionen und zwar 1. auf das *sozialräumliche Umfeld3* von Jugendlichen und die ihm eigene Kultur als Gesellschaft im Kleinen, 7 und 2. auf den *Ort Jugendarbeit* als besonderen Lernort (vgl. Krisch (2009); Deinet/Krisch (2002), 217).

Offener Jugendarbeit wird hier die Aufgabe zugewiesen, *geschützte Räume des Ausprobierens* zu schaffen, um Aneignung zu ermöglichen. Gleichzeitig ist Jugendarbeit aufgefordert, eine *Lebensweltanalyse* der Jugendlichen vorzunehmen. Ergänzend zu bestehenden Sozialraumanalysen und Sozialstrukturdaten gelingt es so, die subjektive Wahrnehmung des Sozialraums durch die Jugendlichen mit zu berücksichtigen und in der konzeptionellen Weiterentwicklung und Angebotsplanung die je spezifischen Lebenswelten mit einem ethnographischen, sozialräumlichen Blick besser zu verstehen und als Augangspunkt zu nehmen. In den Fokus solcher Lebensweltanalysen gehören heute auch die „neuen Räume" der Jugendlichen, d. h. die *virtuellen Räume* wie soziale Netzwerke, aber auch die Ganztagsschule als „Lebensort".

Burkhard Müller folgend kann Jugendarbeit zur Anregung und Unterstützung von Aneignungsprozessen methodisch zum einen ihre Kompetenz hinsichtlich des *informellen Lernens* nutzen. Zum anderen können hier *sozialräumliche Analyse- und Beteiligungsmethoden* wie die Nadelmethode oder das Cliquenporträt eingesetzt werden.

Reutlinger/Wigger verdeutlichen ergänzend die Gestaltungsebenen, auf denen Aneignung von den Jugendarbeitern angeregt werden kann.

Eine stichpunktartige Wiedergabe von dem Experteninterview

eSport Part 1

00:58 Wie wurde das Interesse für eSport geweckt?

J.:

- im Jugendalter angefangen Starcraft zu spielen
- spielt heute Overwatch und guckt Starcraft, auch Interesse für andere e-Sport-Spiele
- wurde wissenschaftlicher Referent im Abgeordneten-Haus in Berlin, Fachbereich Digitalisierung

H.:

- früh angefangen zu spielen (kleinere Spiele), erstes Multiplayer-Spiel war Diablo und Counter-Strike
- durch Dota und LOL zum eSport gekommen, weil er gemerkt hat, dass er gut ist und in den Ranglisten immer weiter aufsteigt

03:27 Wann wurde das Interesse für eSport in Deutschland geweckt?

J.:

- das Interesse am eSport war weltweit gleichzeitig gewesen
- Starcraft und Counter-Strike haben sich in Amerika und Korea intensiv entwickelt -> wurde in Deutschland bemerkt
- eine kleine eSport-Szene gab es schon früher
- ungefähr ab dem Jahr 1998, war eSport vorhanden
- erste Turniere entwickelten sich aus LAN-Partys (ca. 1999)
- Geburtsstunde des deutschen eSport durch die ESL, war im Jahr 2000
- kompetitives Spielen gab es schon früher (Automaten)
- es gibt Gaming, kompetitives Gaming und eSport
- Idee gegeneinander Videospiele zu spielen gab es schon früher

05:39 Was macht den eSport so attraktiv für Jugendliche?

H.:

- Spielen macht Spaß
- Wettkampf ist sehr herausfordernd
- Jugendliche heute sehen, es gibt Profis die damit gutes Geld verdienen

J.:

- Dualausbildung von Ad hoc Gaming (AHG)
- es können berufliche Maßnahme mit semiprofessionellem Spielen verbunden werden
- man arbeitet für ein paar Stunden in einer Trägerfirma, in der Marketingabteilung und geht danach trainieren
- Jugendliche haben Aufstiegsgedanken und ein Ziel, wo sie hin möchten
- sie haben Spaß dabei und wissen, wenn sie sich hart genug anstrengen, könnten sie es vielleicht zu einem Profi schaffen
- Jugendliche sind in der Findungsphase und entwickeln ihre Persönlichkeit, durch z. B. Sport oder aber auch eSport
- eSport hat auf alle Altersstufen einen Reiz, genauso wie das Gaming an sich
- ich bin nicht an das gebunden was meinen sozialen Status oder meine körperlichen Fähigkeiten ausmachen -> eSport schafft es noch mehr als andere Sportarten dies zu lösen, sogar von den physischen Beschränkungen
- man kann mit seiner Spielfigur jeder sein der man will unabhängig, ob es dasselbe Geschlecht ist oder welche Sexualität man hat
- ich kann mit jemand anderem (Charakter) gut in etwas sein -> für Jugendliche gut die in einer Identitätsfindungsphase sind oder aus nicht so guten Verhältnissen kommen

H.:

- die Influencer sei es YoutTuber, Streamer oder eSport-Profis haben einen Einfluss auf die Kinder und Jugendliche und haben eine Vorbildfunktion

J.:

- Jugendliche werden mit dem was sie machen gehört und von der Gesellschaft wahrgenommen
- man muss sich nicht in einer Liga hochspielen, sondern kann einen Stream bei Twitch anmachen und die Leute müssen nur begeistert sein, von der Spielweise oder von dem Können (schaffen nicht alle)

11:30 Wie hoch ist der weibliche Anteil?

H.:

- in der höchsten Liga gibt es kein weibliches Team
- von Organisationen gibt es Bestrebungen weibliche Teams zu gründen und zu fördern
- ist nicht auf Männer beschränkt, gibt nur wenige Frauen die professionell spielen

J.:

- es ist schwierig und wird auch weiterhin schwierig bleiben
- vielleicht ist auch der Wettbewerbscharakter nicht so ansprechend und der damit verbundene Umgangston wirkt abschreckend
- es ist für Männer normaler sich zu beleidigen und scharf anzugehen, als für Frauen (ist aber auch kein Selbstläufer)
- gibt auch Frauen, die im Einzelspielermodus auf höchster Ebene unterwegs sind, z. B. in Starcraft
- gab auch schon bei LOL Frauen, die in gemischten Teams erfolgreich waren
- in CS:GO-Szene gibt es erfolgreiche weibliche Teams, nicht in der aller höchsten Liga, aber wettbewerbsfähig und sie können sich damit finanzieren
- ESBD hat mit 1. Berliner eSport-Club gesellschaftliche Aufgabe eine „Safe Space" zu kreieren -> Frauen, die sich allein vor PC unwohl fühlen, könnten in Verein eintreten und haben Ansprechpartner

- ESBD will Trainings standarisieren und mit Geschlechter Gleichstellungsinhalten verknüpfen, um gute Nachwuchsstruktur aufzubauen

- hat auch mit Führungsstrukturen zu tun -> in eSport-Vereinen und im ESBD gibt es überwiegend Männer

H.:

- haben im Verein ca. 10% Frauen, kann dazu führen, dass in einem Team gleich viele Männer und Frauen sind, was ungewöhnlich, aber großartig ist

J.:

- ESBD hat Thema früh aufgenommen, hatten Vernetzungsfrühstück mit einer Bundestagsabgeordneten und Landtagsabgeordneten, um Vernetzungen zu machen

- wurde sich über Probleme im Management und in der Gestaltung von eSport ausgetauscht -> Programme zur Förderung der Frauen sollen entwickelt werden

18:25 Wie alt sind die eSport Profis?

H.:

- sehr spielerabhängig und vom Spiel abhängig

J.:

- eSport-Profis sind zwischen 16-32 Jahre alt
- gibt Leute, die halten sich seit Jahren in der Szene

19:18 Wie sieht die Fankultur des eSports aus?

J.:

- haben ausverkaufte Veranstaltungen
- Hallen von 15000-17000 Plätzen werden gefüllt
- hohe Bereitschaft der deutschen Fans zu den Veranstaltungen zu fahren
- Berlin ist als guter Ausrichtungsstandort in der Welt platziert

21:00 Welche Voraussetzungen müssen Profis haben? körperlich, psychisch

J.:

- es muss körperlich trainiert werden, ansonsten wird die Spielbeherrschung schlechter
- Konzentration, Anspannung und Präzision, muss trainiert werden
- es geht nicht nur darum die richtige Taste zu drücken, sondern die richtige Taste, im richtigen Moment, in der richtigen Reihenfolge zu treffen, dies nicht nur an Maus und Tastatur, sondern ggf. auch am Gamepad oder anderen Eingabegeräten
- LOL Matches können 4-5 Stunden hintereinander andauern
- längste Counter-Strike-Match ging 8 Stunden ohne Pause -> hohe psychische Belastung, die ganze Zeit immer nur ein Punkt vom Sieg entfernt zu sein, das setzt einem zu
- hohe Erwartungen von der wirtschaftlichen Seite (mehr Follower, Fans)
- auch Sponsoren achten darauf wie man spielt und ob man gewinnt, denn das Gehalt hängt davon ab
- eigene Legitimität hängt davon ab und bei schlechtem Spiel kann man aus dem Team genommen werden
- professionelle Teams wie Schalke 04 haben dafür Sportpsychologen
- vom Stresslevel her genauso hoch wie bei Profi-Fußballspieler oder Rennfahrer (Untersuchungen von Prof. Froböse)

25:08 Ist eSport Sport?

H.:

- fühlt sich als Sportler
- alles was sie tun hat Struktur, der Verein ist kaum anders als ein normaler Sportverein
- Struktur und Vereinsangelegenheiten, die den Leuten geboten wird, sind genau dieselben, wie im normalen Sportverein
- nicht mit Fußball zu vergleichen, aber die Profis müssen ins Fitnessstudio gehen und sich gesund ernähren
- körperliche Fitness wirkt sich auf eSport aus
- Schach, Darts und Schießsport ist Sport, mit eintönigen Bewegungen

J.:

- gibt Leistungsvergleich und Wettbewerb
- Leistungsvergleich kann an drei Kategorien festgemacht werden:
- körperliche Aktivität,
- motorische Aktivität, wie gut kann ich das Eingabegerät bedienen, es muss perfektioniert werden, es muss reagiert werden, das Spiel auf dem Bildschirm wird interpretiert und analysiert, um die Aktion darauf abzustimmen,
- Spielbeherrschung, welche Strategie muss ich haben, um das Spiel zu gewinnen, es gibt Aufbauphasen, Midgamephasen und Lategamephasen, geht es, die Strategie mitten im Spiel noch einmal zu wechseln?
- es ist eine Präzisionssportart

32:00 Was hält der DOSB von eSport?

J.:

- der DOSB evaluiert eSport in einer Arbeitsgemeinschaft, ESBD hat daran teilgenommen

33:36 Wird der eSport irgendwann mit Sport gleichgestellt?

J.:

- wir arbeiten dafür
- es soll eine rechtliche, politische und gesellschaftliche Gleichstellung geben
- eSport ist eine moderne Form des Sportes
- rechtliche Gleichstellung wäre für Vereine gut, da es eine Steuererleichterung gäbe und dadurch mehr Zeit und Ressourcen
- es könnte mehr Förderung in Jugendarbeit und Gleichstellungsarbeit fließen
- eSport hat eine hohe Weichreite, eine junge Zielgruppe anzusprechen-> holt Zielgruppe ab, die sonst kaum in der Gesellschaft erreicht wird

eSport Part 2

00:05 Welche Gemeinsamkeiten haben eSport und Sport?

J.:

- Begeisterung für den Leistungsvergleich, Leistungsstreben, das Verbessern und nach vorne kommen
- hart arbeiten, um der Beste zu werden
- Formalitäten und Wettbewerbsstruktur
- motorische Leistung
- gibt keine einheitliche Definition von Sport

02:30 Wie sieht eine Woche, ein Tag als Profi aus?

J.:

- durchstrukturiert
- Trainingsphasen von 5-8 Stunden, Nebentätigkeiten wie Fitness, Psychologiekurse, Teambesprechungen, Theoriearbeit (5 Tage, wenn Turniere anstehen 7 Tage)
- gibt Urlaubsstruktur bei den angestellten Spielern
- viele Spieler haben Nebenerwerb über das Streaming, ist individuelles Training und sie kommunizieren mit ihren Fans

04:27 Welche Gefahren können Profis drohen? Sucht, Verletzungen, Folgen

J.:

- Sucht: muss unterschieden werden zwischen klinischer Sucht und sozialer Sucht -> kann vorkommen, aber eher im generellen Gaming
- Verletzungsgefahr ist hoch -> gibt Verletzungspräventionen
- insbesondere die Handgelenke und Fingermotorik ist beansprucht (Sehnenscheidenentzündung, Verformung oder Überbelastung der Gelenke)
- richtige Sitzhaltung, wie sitze ich das Turnier über, wie sitze ich mit der ganzen Anspannung, wie mache ich mich locker, um besser spielen zu können
- wird mit Physiotherapeuten zusammengearbeitet
- große Organisationen haben fast überall einen Ansprechpartner

07:30 Was passiert nach der Karriere?

J.:

- einige Profi-Spieler finanzieren somit ihr Studium und arbeiten dann in einem ganz anderen Bereich
- viele bleiben beim eSport und werden Analysten, Kommentatoren, gehen in den Bereich Spieleentwicklung, Teamentwicklung (Coach), Marketingbereich

09:53 Wo liegt der Unterschied zwischen den deutschen und asiatischen Teams?

J.:

- Südkorea ist seit 20 Jahren staatlich gefördert, eSport ist an das Kulturministerium angeknüpft, wird in Trainings- und Kulturstrukturen seit 20 Jahren gefördert
- eSportler sind kulturell akzeptiert und tragen sogar das olympische Feuer
- besser ausgewählte und trainiertere Athleten

11:18 Wird beim eSport gedopt?

J.:

- Ja, Problem taucht immer wieder auf, wie in anderen Sportarten auch
- es sind vor allem aufmerksamkeitssteigernde Medikamente (Adderall oder Ritalin)
- Schmerzmittelmissbrauch, um Hände leistungsfähig zu halten
- wie überall ist es nur eine Minderheit
- Dopingtests werden durchgeführt
- die WADA unterstützt und kontrolliert bei Turnieren

13:22 Welche Zukunft hat der eSport?

J.:

- es wird eine großartige Zukunft sein, es wird noch mehr in die Gesellschaft hineinwirken
- negative Effekte müssen strukturell behandelt werden

14:10 Wird jeder große Profi-Verein irgendwann ein eSport-Team haben?

J.:

- einige Vereine werden nach den Probephasen auch wieder aussteigen
- viele Leute haben negative Assoziationen mit eSport
- es könnte eine ergänzende Entwicklung sein

15:30 Wird die Soziale Arbeit vor neuen Herausforderungen gestellt?

J.:

- Soziale Arbeit muss sich fragen, ob sie mit eSport oder Gaming arbeiten möchte
- das Verständnis zu haben und die Unterschiede zu kennen, ist von Vorteil
- die neue Generation in der Sozialen Arbeit, die mit Gaming aufgewachsen ist, hat ein besseres Verständnis dafür
- man muss sich durch die Schnelllebigkeit konstant weiterbilden, um die Entwicklung mitzubekommen

16:56 Welche Bedeutung wird der eSport für die zukünftige Jugend haben?

J.:

- eSport gehört zur sozialen Lebensgestaltung
- eSport-Kultur wird zukünftig großen Einfluss auf die Jugendkultur haben